Dorothee Baur-Saatweber/Günter Stephan

Training Aufsatz
Berichten, Beschreiben,
Argumentieren

7./8. SCHULJAHR

BEILAGE: LÖSUNGSHEFT

Ernst Klett Verlag
Stuttgart Düsseldorf Leipzig

Der Band stellt eine gekürzte und verbesserte Fassung von Training
Aufsatz Berichten / Beschreiben / Argumentieren, Klettbuch 922028 dar.

Auflage 8. | 2004
Die letzten Zahlen bezeichnen jeweils die Auflage und das Jahr des
Druckes.
Alle Rechte vorbehalten
Dieses Werk folgt der reformierten Rechtschreibung und Zeichensetzung.
Fotomechanische Wiedergabe nur mit Genehmigung des Verlages
© Ernst Klett Verlag GmbH, Stuttgart 1997
Internetadresse: http://www.klett-lerntraining.de
E-Mail: klett-kundenservice@klett-mail.de
Satz: Schwabenverlag AG, Ostfildern
Druck: W. Röck GmbH Druck + Medien, Weinsberg
Zeichnung S. 31: Christa Janik, Leinfelden-Echterdingen
Einband- und Innengestaltung: Bayerl & Ost, Frankfurt/M.
ISBN 3-12-922096-8

Lösungsheft

Dorothee Baur-Saatweber / Günter Stephan

Training Aufsatz
Berichten, Beschreiben, Argumentieren

7./8. SCHULJAHR

Ernst Klett Verlag
Stuttgart Düsseldorf Leipzig

Alle Rechte vorbehalten
Fotomechanische Wiedergabe nur mit Genehmigung des Verlages
© Ernst Klett Verlag GmbH, Stuttgart 1997
Satz: Schwabenverlag, Ostfildern
Druck: Röck, Weinsberg
Beilage zu 3-12-922096-8

1 Sich informieren

Texte gründlich lesen

AUFGABE 1
„Als ich in Washington war, sagte mir der große weiße Vater, dass ..."
(Z. 10); „Wenn die Texaner nicht in mein Land gekommen wären, ..."
(Z. 16).

AUFGABE 2
Folgende Zeilen solltest du markiert haben:
Z. 2/3; Z. 12/13; Z. 18/19; Z. 21.

AUFGABE 3
Z. 1: „Doch ihr habt Dinge gesagt, ..."
Z. 12/13: „Warum also wollt ihr, dass wir die Flüsse und die Sonne und den Wind verlassen und in Häusern leben?"
Z. 17/18: „... was ihr uns gelassen habt ..."

AUFGABE 4
Z. 1; Z. 5/6; Z. 8/9; Z. 13–15; Z. 21/22.

AUFGABE 5
Z. 3–9.

AUFGABE 6
Der Häuptling sieht für sein Volk ein Leben in der „Sklaverei" voraus: ohne Freiheit, eingeengt zwischen Zäunen (Z. 5) und in dunklen Häusern wohnend (Z. 4/5). Er befürchtet, dass sein Volk seine Lebensgrundlage verlieren wird und dass es das Land der Väter (Z. 8), in dem der Häuptling und sein Volk glücklich lebten (Z. 9), einbüßen muss. Dieses Land soll eingetauscht werden gegen einen Ort, an dem es sich nicht zu Hause fühlen kann. Mit der materiellen Lebensgrundlage und den Gefühlen, die sein Volk mit dem Land der Herkunft verbindet, sieht der Häuptling den Mut, die Tapferkeit und den Überlebenswillen bei seinem Volk schwinden (Z. 13–15). Sein Volk wird vom Unfrieden (Z. 16/17) und vom ausweglosen Umherziehen „durch die Prärie" (Z. 22) bis zum Tod beherrscht sein.

SICH INFORMIEREN

Weitere Informationen gewinnen   Aufgabe 7–10

Weitere Informationen gewinnen

AUFGABE

a) Sachbuchtext
 – ausführliche Darstellung zu einer begrenzten Auswahl von Gegenstandsbereichen
 – eher erzählerische Aussageweise
 – anschaulich dargestellt

Lexikon
 – viele Informationen auf kleinem Raum
 – das führt zu sprachlicher Verkürzung (Abkürzungen)
 – Aufzählungsstil
 – Gegenstandsbereiche werden angesprochen

b) Gemeinsamkeiten:
Im Mittelpunkt beider Texte stehen Sachinformationen.
Es gibt keine gefühlsmäßige Darbietung.
Überflüssige Einzelheiten werden weggelassen.

Zusammenhänge im Text erkennen

AUFGABE

Teil a) und b): Überschriften zu folgenden Gegenstandsbereichen:
1. Stämme (Z. *1–3*)
2. Bisonjagd (Z. *4, 8–11*)
3. Der Bison (Z. *4–7*)
4. Wohnen (Z. *12–14*)
5. Unterschiedliche Aufgaben der Stammesmitglieder
   – Squaws (Z. *15–21, 24/25*)
   – kleine Mädchen (Z. *21/22*)
   – kleine Jungen (Z. *22–24*)
   – Männer (Z. *25/26*)

AUFGABE

Es handelt sich bei der Auswahl ausschließlich um solche Stämme, die „meist umherziehen", also um Nomadenstämme im Gegensatz zu den sesshaften Stämmen.

AUFGABE

Der Verfasser zählt solche Stämme auf, die umherziehen, weil sie als Jäger den großen Bisonherden folgen müssen.
Der Verfasser beschreibt zunächst die Anzahl, den Lebensraum und die Beschaffenheit (Größe und Gestalt) der Bisons. Dann schildert er die Jagdgewohnheiten der Indianer.
Nun erst wendet er sich den Lebensbereichen und Aufgaben der Indianer zu, da diese mit der Bisonjagd und der Verarbeitung der erbeuteten Tiere

SICH INFORMIEREN
Informationen veranschaulichen — Aufgabe 11–13

zusammenhängen. Als Erstes nennt er den Zeltbau, wozu die Häute der Bisons gebraucht werden. Dann führt er die Aufgaben der Squaws an, nämlich die Bearbeitung von Häuten, das Trocknen von Fleisch und das Weben von Decken und Mokassins. Damit hat er die besondere Rolle der Frauen gekennzeichnet, nämlich sich um Essen, Kleidung und Tipibau zu kümmern. Danach erst spricht er von den Aufgaben der Mädchen und Jungen. Ihre Aufgaben entsprechen den Tätigkeiten der Mütter und Väter.

Informationen veranschaulichen

AUFGABE

Der Rote Mann
Die Weißen haben den Begriff „Rothäute" erfunden. Wie sie darauf kamen, kann heute nicht mehr mit Sicherheit gesagt werden. Hier einige mögliche Erklärungen: Im Vergleich zu ihrer eigenen Hautfarbe schien den Weißen die Haut der Indianer eher rötlich zu sein. Oder: Der Begriff kommt von der – oft roten – Kriegsbemalung der Indianer. Oder: Die Weißen kamen von Osten, also aus der Himmelsrichtung der aufgehenden Sonne. Als sie den Weißen begegneten, blickten die Indianer also in die Sonne, deren Strahlen ihre Haut rötlich färbte ...

AUFGABE

in (Präposition) blutigen (Adjektiv) Gemetzeln (Substantiv) = adverbiale Bestimmung der Art und Weise; erbarmungslos (Adverb) = adverbiale Bestimmung der Art und Weise

AUFGABE

Die Antwort zu dieser Aufgabe kannst du aus dem Merkkasten am Schluss des Kapitels entnehmen.

2 Sachorientiert schreiben

AUFGABE

W-Fragen	Antworten
2. Wie nannte man sie?	Waldläufer
3. Aus welchem Grund kamen sie in den Westen?	Hier lebten die Pelztiere, deren Felle in den Städten des Ostens so begehrt waren.
4. Welches Verhältnis hatten sie zu den Indianern und worin zeigte sich dies?	Meistens kamen sie gut miteinander aus. Das zeigte sich im Zusammenleben mit den Stämmen, in Heirat und Annehmen der indianischen Sitten.
5. Welche Folgen hatte dieses Verhältnis für ihre Tätigkeit?	Die Indianer ließen sie in Frieden jagen und Fallen stellen.
6. Ab wann kamen die ersten großen Einwanderermassen in den Westen?	In den zwei Jahrzehnten vor dem Sezessionskrieg (1861–1865).
7. In welche Gebiete strebten die Einwanderer?	a) zu den Goldfeldern Kaliforniens; b) zu dem reichen Ackerland in Oregon.
8. Wie verhielten sich die Indianer zunächst?	Sie verübelten ihnen das Eindringen in das von der Regierung ihnen zugesprochene Land, ließen sie aber passieren.
9. Welche Auswirkungen hatten die immer größer werdenden Einwandererzahlen auf Jagdbeute und Jagdgründe der Indianer?	Die Bisons konnten nicht mehr in den gewohnten Pfaden über die Prärie ziehen; die geheiligten Jagdgründe wurden zerstört.
10. Wie reagierten die Indianer auf die Veränderung ihrer Jagdgründe?	Es kam zu einzelnen Kämpfen.
11. Welche Schutzmaßnahmen für die Weißen errichteten die Armeen der Vereinigten Staaten?	Sie bauten Forts quer durch das Land der Indianer.
12. Welche Folgen hatten diese Maßnahmen für das Verhältnis zwischen Indianer und Regierung bzw. Indianer und Einwanderer?	Die Indianer sahen darin einen Vertragsbruch; es entstand ein alles vernichtender Krieg.

SACHORIENTIERT SCHREIBEN
Sachlich informieren — Aufgabe 2–3

AUFGABE 2

Rede	Sachbuchtext
zu a) **Personen:** der Häuptling, seine Vorfahren, die Indianer, die Texaner, der große weiße Vater	die ersten weißen Pioniere, die Indianer, die Einwanderer
Fakten: Vertreibung der Indianer und die daraus entstehenden Folgen	Einwanderung der ersten Weißen in das Land der Indianer, Zerstörung der Jagdgründe, erste Auseinandersetzungen, Errichtung von militärischen Stützpunkten, Beginn des Krieges zwischen Indianer und Weißen
zu b) **Informationsmenge:** Hier ist die Informationsmenge kleiner. Das Gewicht der Aussage liegt auf der entscheidenden Tatsache der Vertreibung; danach kommen vorwiegend Gefühle zur Sprache.	Hier ist die Informationsmenge größer. Neben den Hauptaussagen (Einwanderung und Folgen) werden zusätzliche Hinweise gegeben (Details: Daten, Orte, Begriffe)
zu c) **Sichtweise:** Es ist die subjektive Sichtweise des Betroffenen; die Darbietung der Informationen hängt davon ab, wie er die Vertreibung erlebt hat, wie er ihre Auswirkungen empfindet (Schilderung innerer Vorgänge).	Es ist die Sichtweise der sachlich orientierten Berichterstattung. Die Darbietung der Informationen richtet sich auf Tatsachen (Schilderung äußerer Vorgänge); diese werden aber zudem aus der Sicht der Indianer gesehen, wie sie von ihrem Standpunkt aus erscheinen, wie sie ihr Leben verändert haben.
zu d) **Ausdrücke:** Der Verfasser verwendet – bildhafte Ausdrücke, – häufig Verben, – häufig Adjektive, Adverbien.	Der Verfasser verwendet – vorwiegend sachliche Ausdrücke.

AUFGABE 3

Die Rede des Häuptlings setzt beim Adressaten die Kenntnis der Tatsachen (Siedlungsgeschichte im Westen Amerikas) voraus. Ihr Ziel ist also nicht vorwiegend Informationsvermittlung, sondern im Vordergrund steht die

SACHORIENTIERT SCHREIBEN
Sachlich informieren — **Aufgabe 4–5**

Absicht, dem Leser die Betroffenheit über das Vorgehen der Weißen zu zeigen. Die bildhafte und anschauliche Darstellungsweise soll dem Leser das Leben der Indianer „vor Augen halten", sie soll ihm „ein Bild" vermitteln, sodass auch er die Lebensbedingungen der Indianer verstehen und nachempfinden kann. Die Darstellungsform zeigt, dass es dem Häuptling um Trauer, Klage, aber auch um Anklage geht.

Die einfache sprachliche Darstellung des Sachbuchtextes zeigt, dass er eine andere Zielgruppe (Adressaten, Leser) hat, nämlich meist Jugendliche, die sich für Geschichte und Lebensformen der Indianer interessieren. Deshalb werden die Informationen so dargeboten, dass sie dem (vermuteten) Vorwissen und den (angenommenen) Verstehensmöglichkeiten der jugendlichen Leser entsprechen. Neben Tatsachen, fachlichem Detailwissen und Hinweisen auf Orte und Daten, wodurch Sachinformationen veranschaulicht werden, stehen deshalb auch ansprechende Formulierungen, aber auch Wendungen, die den persönlichen Standort des Verfassers zeigen. Auch dieser soll dem Adressaten vermittelt werden.

AUFGABE

Mit der Darstellung der eigenen persönlichen Meinung möchte der Verfasser die Meinung des Lesers herausfordern.

Die veranschaulichende Darstellung soll darauf aufmerksam machen, dass bestimmte Informationen mit einem hohen Anteil an Bewertungen und Gefühlen verbunden sind. (Siehe auch die Lösung zu Aufgabe 3.)

AUFGABE

persönliche	sachlich orientierte Darstellungsform
a/c/f/h/j	b/d/e/g/i

3 Der Unfallbericht

AUFGABE

 a) <u>Jens</u> hat sich <u>im Sportunterricht verletzt</u>. Es handelt sich um eine <u>Verstauchung des rechten Daumens</u>.

b) Die Eltern teilen der Lehrerin nur die Folgen mit, die das Ereignis im Sportunterricht hatte. Über den Unfallhergang erfährt sie nichts. Auch das genaue Datum muss sie erst herausfinden, denn es wird im Brief nicht angegeben. Ob der Sportlehrer überhaupt den möglichen Unfall bemerkt hat, geht auch nicht aus dem Brief hervor.

AUFGABE

 Jens' Eltern wollen, dass der Sportlehrer den Unfall der Unfallversicherung der Schule meldet, damit diese die entstehenden Kosten (z. B. die Arztrechnung) bezahlt.
Sie wollen aber wahrscheinlich auch die Klassenlehrerin informieren, damit sie z. B. weiß, warum Jens' rechte Hand verbunden ist und er nicht schreiben kann. Das muss sie auch den anderen in der Klasse unterrichtenden Lehrern mitteilen.

AUFGABE

 1. Wobei hast du dir den Daumen verstaucht?
2. Wann genau ereignete sich der Vorfall (Datum, Uhrzeit)?
3. Wo hat sich der Unfall zugetragen (genaue Ortsangabe, z. B. in der Turnhalle oder im Freien)?
4. Wie hat sich das Ereignis zugetragen (genaue Umstände und Ursachen)?
5. Wer war außer dir daran beteiligt? Hat eine andere Person vielleicht die Verletzung verursacht?
6. Wer hat das Ereignis miterlebt (Gibt es Zeugen?)?

AUFGABE

 – Wie heißt Jens' Schule, welche Anschrift hat sie? Wer ist der Träger der Schule?
– Wann ist Jens geboren?
– Welche Staatsangehörigkeit hat Jens?
– Wo wohnt Jens?
– Wie heißen seine Eltern, wo wohnen sie?
– Wie lange war Jens am 4. 4. 1997 in der Schule?
– Wo ist Jens versichert?
– Wie ist Jens versichert?
– Um wie viel Uhr ereignete sich der Unfall?
– Welcher Arzt behandelt Jens?

DER UNFALLBERICHT
Sachliche Informationen sammeln — Aufgabe 5-6

Je nachdem, welche Fragen du in Aufgabe 3 schon gestellt hast, kann sich deine Fragensammlung zu dieser Aufgabe etwas von dem Lösungsvorschlag unterscheiden.

AUFGABE 5

mit durchgezogener Linie unterstrichen

AUFGABE 6

a) mit unterbrochener Linie markiert

b) siehe Randspalte des folgenden Textes sowie eingerahmte Textstellen

Bericht des Sportlehrers

Welche Klasse besucht J.?	Während der Sportstunde am 4. April 1997 ereignete sich in der Turnhalle folgender Unfall, bei dem der Schüler Jens Richter, geb. am 27. Oktober 1984, sich den rechten Daumen verstauchte: Nachdem die Schüler und Schülerinnen der Klasse sich mit viel Lärm umgekleidet hatten, begann ich den Unterricht mit einem Aufwärmtraining, weil wir anschließend Volleyball spielen wollten. Nach ca. 15 Minuten anstrengendem Circle-Training teilte ich zwei Mannschaften von je 6 Spielern ein. Die restlichen 6 Schüler und 2 Schülerinnen sollten im Laufe des
Woher holten Sie den Ball? Wie lange waren Sie abwesend?	Spiels eingewechselt werden. Gemeinsam bauten wir das Netz auf. Anschließend holte ich den Ball. Während meiner kurzen Abwesenheit war die Klasse sehr unruhig. Möglicherweise war sie mit der Einteilung nicht zufrieden.
Welche ungefähre Uhrzeit?	Dann begann das Spiel. Bei einer etwas zweifelhaften Schiedsrichterentscheidung begannen die Schüler, die auf der Bank saßen, zu toben. Ich
Wer war Schiedsrichter?	wollte wieder Ruhe herstellen und wandte mich den Schülern auf der Bank zu. Dabei drehte ich den Spielern auf dem Spielfeld den Rücken
Woher wissen Sie das? Wer hat den Vorfall beobachtet (Zeugen?!) (Um wie viel Uhr ereignete sich der Unfall?)	zu. In dieser Spielphase ereignete sich der Unfall: Jens Richter versuchte einen Schmetterball abzuwehren. Dabei traf der Ball den Daumen so unglücklich, dass Jens sich diesen verstauchte. Da Jens ein tapferer Junge ist, informierte er mich weder während des Spiels noch nach Ende

DER UNFALLBERICHT
Sachliche Informationen sammeln — Aufgabe 7

der Sportstunde über seine Verletzung. Deshalb konnte ich den Unfall erst nach der Mitteilung der Eltern an Frau Weber melden.

Horst Felder

AUFGABE

7a/b a) Als Ergebnis erhältst du eine Stoffsammlung. Sie müsste ungefähr so aussehen:

Was hat sich ereignet?	Unfall im Sportunterricht der 7a
Wer wurde verletzt?	der Schüler Jens Richter
Wann wurde er verletzt?	Mittwoch, 4. 4. 1997, 11 Uhr
Wo ereignete sich der Unfall?	Turnhalle der Schule
Wobei wurde Jens verletzt?	Volleyballspiel
Wie wurde Jens verletzt?	J. versuchte, Schmetterball zu blocken, Ball traf Daumen unglücklich *(Bei der Schilderung des Unfallherganges kannst du in deinem Zeugenbericht Ergänzungen bzw. Erläuterungen hinzufügen, die nur du wissen kannst, d. h. du kannst sie so, wie du dir den genauen Ablauf vorstellst, ergänzen.)*
Wer war am Geschehen beteiligt?	die 12 Spieler auf dem Spielfeld *(Hier könntest du Namen erfinden.)*
Wer hat den Ball, der Jens verletzte, geschmettert?	Urs Lothe *(Du kannst hier einen beliebigen Namen nehmen.)*
Wer kommt als Zeuge in Betracht?	Auswechselspieler auf der Bank *(Auch hier könntest du dir Namen ausdenken.)*
Was tat der Lehrer?	versuchte, tobende Kinder zur Ruhe zu bringen, konnte das Spielgeschehen nicht beobachten
Wie verhielt sich Jens nach dem Unfall?	spielte weiter, bis er ausgewechselt wurde, was von Anfang an vorgesehen war
Welche Folgen hatte das Ereignis?	Jens hatte Schmerzen, die er dem Lehrer nicht mitteilte.

b) Fragen zu weiteren beteiligten Personen, insbesondere zu Zeugen, wirst du ergänzt haben.

DER UNFALLBERICHT
Klare Darstellung der Reihenfolge — Aufgabe 7–9

AUFGABE

 Wer wurde verletzt?
Wann ...
Wo ... } Einleitung
Wobei ...
Wie ereignete sich der Unfall? } Hauptteil
(Schilderung des Unfallherganges)
Welche Folgen hatte das Ereignis? } Schluss

AUFGABE

 So ähnlich könnte der Bericht lauten:
Zeugenbericht aus der Perspektive des Andreas Holz
Am Mittwoch, dem 4. April 1997, verletzte sich Jens Richter aus meiner Klasse, der 7a, in der Sportstunde um ca. 11 Uhr den rechten Daumen. Nach dem Aufwärmtraining teilte Herr Felder 12 Kinder aus der Klasse in 2 Mannschaften mit je 6 Spielern ein. Ich gehörte nicht dazu und musste mit den restlichen 8 Kindern der Klasse auf der Bank aufs Auswechseln warten. Zuvor hatten wir gemeinsam das Netz aufgebaut und Herr Felder hatte aus dem Schrank im Geräteraum den Ball geholt. Um ca. 10.50 Uhr begann das Spiel. Das weiß ich ziemlich genau, denn ich hatte auf die Uhr geschaut, um zu überprüfen, ob uns Herr Felder, wie versprochen, nach 10 Minuten einwechseln würde. Herr Felder übernahm selbst die Aufgabe des Schiedsrichters. Als er einen Ball „Aus" gab, den die betroffene Mannschaft und einige von uns Auswechselspielern im Feld gesehen hatten, begannen einige auf der Bank zu toben. Herr Felder kam zu uns und schimpfte, dabei lief das Spiel weiter. Ich beobachtete es aufmerksam und sah, dass Urs Lothe den Ball über das Netz schmetterte. Das war um ca. 11 Uhr, ich hatte kurz zuvor auf die Uhr geschaut, weil ich auf das Auswechseln wartete. Jens wollte den Ball blocken. Dabei traf der Ball seinen Daumen. Jens zog die rechte Hand weg, die getroffen worden war, und machte ein schmerzverzerrtes Gesicht. Der Ball ging ins Aus und die andere Mannschaft hatte Aufschlag. Herr Felder kehrte wieder zum Spiel zurück. Jens sagte dem Lehrer nichts und spielte weiter. Wenig später (ca. 11.05 Uhr) wurde ich eingewechselt. Nach dem Spiel zog ich mich mit Jens um und fragte ihn nach seinem Daumen. Er tat ihm weh, aber er wollte den Lehrer nicht informieren.

AUFGABE

 a) anschließend, im Folgenden, erst, als, bevor, während
b) weil, deshalb, daher

AUFGABE

 1. Bei einer Entscheidung ... →
   Als ich als Schiedsrichter eine Entscheidung fällte, ...

DER UNFALLBERICHT
Klare Darstellung der Reihenfolge — Aufgabe 10–11

2. Auch nach dem Spiel ... →
Auch als das Spiel beendet war, ...
3. ... was sich im weiteren Verlauf des Spiels ... ereignete →
... was sich ereignete, als das Spiel weiterlief, ...
4. ... konnte ich aus Jens Verhalten keine Anzeichen für eine Verletzung entnehmen ... →
... konnte ich daraus, wie Jens sich verhielt, keine ...
5. ... befragte ich einige Schüler ... nach ihren Beobachtungen →
... befragte ich einige Schüler danach, was sie beobachtet hatten ...
6. ..., dass Andreas H. das Geschehen besonders aufmerksam verfolgt hatte ... →
..., dass Andreas H. das, was geschehen war, aufmerksam verfolgt hatte ...
7. ... habe ich sie für die Schilderung des Unfallherganges ... verwendet ... →
... habe ich sie verwendet, um den Unfallhergang zu schildern ...

Du kannst erkennen, dass aus den Satzgliedern (Nomen) Gliedsätze werden.

AUFGABE

 So könnte dein Bericht als neutraler Berichterstatter aussehen:

Jens Richter, Schüler der Klasse 7a des Heine-Gymnasiums Köln, Domstr. 9, verstauchte sich am Mittwoch, dem 4. 4. 1997, im Sportunterricht beim Volleyballspiel den rechten Daumen. Der Unterricht fand in der Turnhalle statt.
Bei dem Versuch, einen Ball der gegnerischen Mannschaft abzuwehren, verletzte sich Jens Richter gegen 11 Uhr. Urs Lothe hatte einen Ball geschmettert, den Jens blocken wollte. Dabei traf der Ball den Daumen so unglücklich, dass Jens sich diesen verstauchte.
Die Eltern veranlassten die Behandlung bei Dr. J. Möller, 50676 Köln, Jahnstr. 4, da Jens in der Schule seine Beschwerden dem Sportlehrer nicht mitgeteilt hatte.
Zeuge des Vorfalls war Andreas Holz, 51067 Köln, Ringstr. 17.

AUFGABE

 Die Versicherung interessiert sich nicht für den Ablauf der Sportstunde insgesamt, sondern nur für das Unfallereignis im engeren Sinn, das in seinem Ablauf eindeutig ist. Deshalb kann man es kurz darstellen. Der Direktor dagegen wollte beurteilen, ob der Lehrer seine Aufsichtspflicht in der Sportstunde wahrgenommen hatte und brauchte daher ausführlichere Informationen.

4 Der Veranstaltungsbericht

Informieren und Bewerten   Aufgabe 1–4

4 Der Veranstaltungsbericht

AUFGABE

Wer?	„Steinbach-Saurier"
Was passiert?	Festzug des Steinbach-Gymnasiums
Wann?	Mo, den 23. 8. von 9 bis 12 Uhr
Wo?	vom Steinbach-Gymnasium in Richtung Theaterplatz

AUFGABE

Wer?	mehrere hundert junge Leute (Z. 3/4); Schüler und Lehrer der Steinbach-Schule (Z. 10,14)
Was?	Gestaltung eines Festzuges, der durch die Innenstadt zieht, und einer Showveranstaltung; Vorausschau auf die Veranstaltungen und Attraktionen der Festwoche/Projektwoche
Wann?	gestern Morgen (siehe Inf. in Aufg. 1)
Wo?	über die Goethe-Straße … zum Theaterplatz (Festzug; Z. 14–18); Theaterplatz (Show; Z. 21/22)
Wie?	Festzug: mit Transparenten, Sprechchören und Musik (Z. 5/6), mit einem Pappmaschee-Saurier (Z. 13); Show: in selbstgeschneiderten Kostümen, mit Liedern und Darbietungen (Z. 21–27)
Wozu?	das Steinbach-Gymnasium macht auf sein hundertjähriges Bestehen aufmerksam (Z. 11); Werbung für die Veranstaltungen der Festwoche/Projektwoche (Z. 31–35)

AUFGABE

Wertende Ausdrücke: ein <u>farbenprächtiges</u> Bild, <u>abenteuerlich</u> aufgeputzt, mit diesem <u>bunten</u> und <u>einfallsreichen</u> Festzug, eine unterhaltsam-heitere Show, mit <u>flotter</u> Musik, <u>rasanten</u> Tänzen, in selbstgeschneiderten <u>originellen</u> Kostümen, <u>lustigen</u> Liedern, einen <u>anschaulichen</u> Querschnitt, die <u>beste</u> Werbung, Schausteller der <u>besonders gelungenen</u> Zirkusprogramme, <u>sauer</u> genug verdient, so <u>spielerisch leicht</u>, nach diesem <u>gelungnen</u> Auftakt

AUFGABE

Ziele des Journalisten:
– er will an der Meinungsbildung der Öffentlichkeit beteiligt sein, die Leser werden nicht nur informiert, es wird ihnen auch eine Bewertung des Geschehens geliefert;
– er will nicht nur das Lesepublikum informieren, sondern es auch unterhalten;
– er will über etwas Besonderes, über etwas Nicht-Alltägliches berichten.

DER VERANSTALTUNGSBERICHT
Informieren und Bewerten **Aufgabe 5–9**

AUFGABE

Aus der Kenntnis des ganzen Zusammenhangs müssen folgende Informationen sein: in selbstgeschneiderten (...) Kostümen (Z. 24/25), ist allerdings sauer genug verdient worden (Z. 44/45), war die Frucht langer Vorbereitungen ... Wochenenden (Z. 47–50).

AUFGABE

Die Zusatzinformationen ordnen die Einzelinformationen, die der Festzug als solcher bietet, in den größeren Zusammenhang der Projektwoche ein und erzeugen damit beim Leser eine größere Informiertheit. Diese „Hintergrundinformationen" geben ein abgerundetes und überzeugendes Bild vom Geschehen, wie es die Einzelinformation nicht herstellen kann. Auf diese Weise wird beim Leser das Interesse geweckt, auf andere Ereignisse zu achten, die in demselben Zusammenhang stehen.

AUFGABE

In diesem Veranstaltungsbericht erhalten die Leser der Schülerzeitung sowohl genaue Informationen über die Theateraufführung als auch eine Beurteilung der Aufführung durch die Berichterstatterin.
Die Leser werden informiert über Anlass und Rahmenbedingung der Aufführung, Veranstalter, Datum, Titel des Theaterstücks, Vorbereitung, Mitwirkung anderer Personen, Regisseur, Handlung (in Kurzform) und weitere Veranstaltungstermine; die Art der Darstellung einiger Hauptakteure, die musikalische Bearbeitung sowie die Wirkung auf das Publikum werden beurteilt.

AUFGABE

Dieter beschränkt sich weitgehend auf einen sachlichen Bericht. Einzelinformationen (Datum, Namen der Darsteller, Regisseur, Mitwirkung, Handlung) fehlen allerdings. Der Leser erfährt zwar etwas über die Leistung der Schauspieler, er erhält eine knappe Beurteilung der Veranstaltung und weiß, wie das Publikum reagiert hat, er kann sich jedoch wegen der fehlenden Informationen kein genaues und vollständiges Bild von der Aufführung machen. Erforderlich wären deshalb mehr Einzelinformationen, die gezielt mit einer Beurteilung versehen werden.

AUFGABE

a) Mit welcher Absicht?   Anlass: das hundertjährige Bestehen der
    Wozu? Weshalb?   Schule (Z. 1)
    Wer?   die Schüler der Klasse 7c (Z. 2)
    Wann?   Montag Nachmittag, den 23. August 1989
                                       (Z. 2)
    Was?   Aufführung des Theaterstücks „Tarzans
                                       letzter Schrei" (Z. 3)

4 DER VERANSTALTUNGSBERICHT
Informieren und Bewerten — Aufgabe 9

Wo?   in der neu eröffneten Aula (Z. 3/4)
<u>Was</u>? Wer?   Vorbereitung (Z. 7–14)
               Name des Regisseurs (Z. 8)
               Mitwirkung des Kunstlehrers (Z. 9/10)
               Kostüm- und Kulissenfertigung (Z. 12–14)
               Mitwirkung aller Schüler (Z. 15/16)
               Handlungswiedergabe mit Nennung einzelner Schauspieler (Z. 21–32)
               Hervorhebung zweier Personen (Z. 33–35)
               Wirkung auf das Publikum (Z. 35–38)
               Weitere Veranstaltungstermine (Z. 39–41)

b) Durch die Zusammenfassung im ersten Absatz wird es dem Leser ermöglicht, die wesentlichen Informationen „auf einen Blick" zu erfassen. Er wird motiviert, den ganzen Veranstaltungsbericht zu lesen, um genaue Einzelheiten, weitere Informationen und die Beurteilung zu erfahren.

c) Mögliche Überschriften:
   – Das Theaterstück der Klasse 7c in der neu eröffneten Aula
      (oder: Anlass und Atmosphäre eines Theaterstücks der Klasse 7c)
   – Die Vorbereitung des Stückes
   – Die Beteiligung aller Schüler an der Aufführung
   – Die Handlung des Stückes und ihre Hauptdarsteller
   – Zwei besonders hervorzuhebende Leistungen und die Wirkung auf das Publikum
   – Weitere Veranstaltungstermine

d) Informationen aus dem Gesamtzusammenhang:
die am Vortag erst neu eröffnete Aula (Z. 3/4), an vielen freien Nachmittagen und Wochenenden (Z. 7), das „selbstgebastelte" Stück (Z. 7/8), der Kunstlehrer an unserer Schule ist (Z. 9/10), hatte ... mitgeholfen und war ... zur Hand gegangen (Z. 10–12), die Schüler hatten sämtliche Kostüme ... geschneidert und ... selbstständig gebaut (Z. 12–14), der für die musikalische Bearbeitung verantwortlich zeichnete (Z. 34/35), zwei weitere Vorstellungen ... zu sehen sein (Z. 39–41).

e) Jasmin veröffentlicht ihren Bericht in der Schülerzeitung, die zur Hundertjahrfeier der Schule erscheint. Ihr Bericht muss deshalb mehreren Anforderungen (Leserinteressen) entsprechen: – die Leser wollen darüber informiert sein, was der Anlass für die Aufführung des Theaterstücks gewesen ist; – sie wollen wissen, wie viel Arbeit in dem Stück steckt, welcher Vorbereitung und Hilfe es dabei bedarf (um ein solches Stück vielleicht selber einmal aufführen zu können); – sie wollen wis-

DER VERANSTALTUNGSBERICHT
Informieren und Bewerten — Aufgabe 10–12

sen, ob der Text schon geschrieben war, von den Schülern verändert wurde oder gar selbstständig verfasst worden ist; – sie wollen wissen, wann das Stück erneut aufgeführt wird (dies betrifft vor allem Schüler, die das Stück noch nicht gesehen haben). Jasmin muss diese verschiedenen Leseerwartungen bedenken, wenn sie ihren Lesern ein möglichst vollständiges Bild von der Theateraufführung vermitteln will. Diese Zusatzinformationen haben aber auch eine Funktion für die Beurteilung. Je genauer Jasmin über Vorbereitung und Hintergründe der Aufführung informiert, desto genauer, aber auch umfangreicher und besser begründet kann ihr Urteil ausfallen.

AUFGABE

Wertende Ausdrücke:
die <u>gut</u> besetzte Aula, eine „<u>exotische</u>" Atmosphäre, <u>äußerst wirkungsvoll</u> in Szene gesetzt, <u>tatkräftig</u> zur Hand gegangen, die <u>farbenprächtige</u> Kulisse, die Akteure <u>gerieten außer Rand und Band</u>, ein <u>Augen- und Ohrenschmaus</u>, die Handlung ist <u>einfach und genial</u>, <u>überzeugend</u> dargestellt, deren Rolle <u>wirklich mit viel Charme</u> ausgeführt wurde, werden <u>trefflich</u> gespielt, mit <u>viel Können und Begeisterung</u>, mit <u>ausgefeilten</u> Lichteffekten, den zuweilen <u>hektisch</u> auftretenden Medizinmann, einen <u>nicht geringen</u> Teil, mit <u>stürmischem</u> Applaus.

AUFGABE

Z. 9/10: der Kunstlehrer an unserer Schule ist …	– bezeichnet den gegenwärtigen Zustand (Herr W. Sielen ist über den Termin der Aufführung hinaus Kunstlehrer)
Z. 21–30: Die Handlung ist einfach und genial zugleich. Tarzan (…) lebt (…) die Urwald-Einsamkeit aufschreckt (…) die daraus entstehen (…) da gibt es Tanzszenen …	– betont wird hier der gegenwärtige Eindruck, den die Handlung bei der Berichterstatterin hinterlässt (denkbar ist hier auch das Präteritum)
Z. 33: Noch zwei Namen müssen genannt sein …	– bezeichnet den gegenwärtigen Zustand: die Berichterstatterin spricht direkt den Leser an

Der letzte Abschnitt bezieht sich auf zukünftiges Geschehen.

AUFGABE

Bei der Lösung musst du darauf achten, dass die einzelnen Informationen in einer sachlogischen und für den Adressaten einsichtigen Reihenfolge angeführt werden. Beurteilende Äußerungen sollen sparsam und gezielt eingesetzt werden.

WEG- UND GEBÄUDEBESCHREIBUNG
Wegbeschreibung — Aufgabe 1–4

Übrigens:
Veranstaltungsberichte findest du häufig in dem Lokalteil jeder Tageszeitung; speziellere Berichte zu künstlerischen Veranstaltungen im Feuilleton-Teil; zu den sportlichen im Sportteil.

5 Wegbeschreibung und Gebäudebeschreibung

AUFGABE 1

Wenn ihr durch das Tor, vor dem wir hier stehen – es heißt Galgentor – geht, befindet ihr euch in der Galgengasse. Dieser folgt ihr immer geradeaus, bis ihr auf ein weiteres altes Stadttor stoßt: es handelt sich um den Weißen Turm mit dem Judentanzhaus. Auch dort geht ihr hindurch und ihr seid nun auf der Georgengasse, der ihr ebenfalls geradeaus folgt, bis ihr auf eine größere Querstraße trefft. Hier müsst ihr links einbiegen. Nach wenigen Metern gelangt ihr auf den Marktplatz. Markantestes Gebäude ist hier das alte Rathaus.

AUFGABE 2

Die Beschreibung enthält Gebäudebenennungen, die deinen Mitschülern unbekannt sind. Da an Gebäuden – im Gegensatz zu Straßen und Plätzen – in der Regel keine Beschilderung angebracht ist, kann man sich mit einer derartigen Beschreibung als Fremder nur schwer orientieren.

AUFGABE 3

Gehe nicht in die Richtung zurück, aus der du gekommen bist – das war die Galgengasse –, sondern folge der Pfarrgasse weiter, bis du auf die Rödergasse stößt. In diese biegst du nach rechts ein, gehst unter dem Röderbogen hindurch und befindest dich jetzt in der Hafengasse. Diese gehst du geradeaus. An ihrem Ende quert die Obere Schmiedgasse. Hier biegst du nach rechts ein. Du bist dann bereits auf dem Marktplatz.

AUFGABE 4

Ihr seid jetzt auf dem Marktplatz, rechts neben euch befindet sich das Rathaus. Wenn ihr geradeaus schaut, seht ihr eine abschüssige Gasse. Das ist die Obere Schmiedgasse. Diese geht ihr hinunter, bis ihr an eine Gabelung kommt. Ihr könnt sie nicht verfehlen, denn jede der abzweigenden Gassen führt durch ein Tor. An dieser Stelle liegt das Plönlein.

WEG- UND GEBÄUDEBESCHREIBUNG
Gebäudebeschreibung — Aufgabe 5–8

AUFGABE

- Die Lage des Plönleins.
- Die Bauweise des Plönleins.
- Der Platz vor dem Plönlein.
- Stirnseite (Fachwerk) des Plönleins.
- Längsseite des Plönleins.

AUFGABE

a) Wenn ihr <u>vom Marktplatz in Richtung Siebertsturm</u> geht, seht ihr <u>nach einer kurzen Wegstrecke (nach etwa 300 Metern)</u> das Plönlein <u>vor euch</u> liegen. Ihr könnt es nicht verpassen, denn es liegt genau <u>an der Stelle</u>, wo sich die Straße gabelt: sie zweigt als Koboldzellersteig nach <u>rechts</u> ab und wird <u>halb links weitergeführt durch das Tor des Siebertsturms hindurch</u>.
Das Plönlein ist ein altes Wohnhaus mit zwei Stockwerken und einem spitzen Giebel, in dem ebenfalls zwei Dachgeschosse untergebracht sind. Die Lage <u>zwischen den beiden Straßen</u> hat zur Folge, dass das Haus <u>zur rechten abschüssigen Gasse hin</u> noch von einem weiteren Geschoss, einer Art Keller, unterbaut ist.

b) Adverbiale Bestimmungen des Ortes und der Richtung

c) vor euch/nach rechts ... hinunter zum Koboldzellertor/halb links ... durch das Tor des Siebertsturms/zur rechten abschüssigen Gasse hin

AUFGABE

Hier können wir dir keine Lösung anbieten. Orientiere dich an den Lösungen 1, 3, 4!

AUFGABE

Das fünfstöckige Schulgebäude, das aus rötlich-braunem Backstein gebaut ist, zeigt eine reich gegliederte Fassade. Es hat einen linken und rechten Flügel, in dem die Klassen untergebracht sind. Diese Flügel werden verbunden durch einen schmaleren Mittelteil, der das langgestreckte Gebäude durch einen verzierten Giebel überragt. Die Symmetrie der Vorderseite wird durch einen halbrunden, vorspringenden Treppenturm, der der rechten Seite des Giebelbaus angegliedert ist, unterbrochen.
Der Giebelteil ist nach Art der Giebel an Renaissancehäusern gestaltet: Unter der Spitze siehst du eine Uhr; darunter einen leicht vorkragenden Erker. Links und rechts des Erkers befinden sich kurze, rechteckige Säulen, die als Abschluss Steinkugeln tragen. Die Giebelschrägung wird auf beiden Seiten mit geschweiften Ornamenten verziert. So ist auch der untere Teil des Erkers vom oberen durch eine Rosettenverzierung abgesetzt. Der Eindruck, vor einem Renaissancebau zu stehen, wird verstärkt durch das

WEG- UND GEBÄUDEBESCHREIBUNG
Gebäudebeschreibung — Aufgabe 9–11

große Rundbogenfenster unter dem Giebel. Durch senkrechte Steinstäbe und weitere Rundbogen in der Mitte ist das bunt verglaste Fenster in drei Teile aufgegliedert. All diese Elemente lassen vermuten, dass das Gebäude vom Ende des letzten Jahrhunderts stammt, als man sich in der Architektur nach Vorbildern historischer Bauten gerichtet hat.
Das Gebäude hat ein Mansardendach, das sogar zwei Stockwerke enthält. Die Sprossenfenster dort sind niedriger und schmaler als die im ersten und dritten Stockwerk des Schulgebäudes. Im rechten und linken Gebäudeflügel sind die Sprossenfenster regelmäßig verteilt, im Giebelteil unregelmäßig. Für die beiden Flügel ergibt sich im zweiten und dritten Stock die Reihenfolge von zwei einteiligen Fenstern und einem dreiteiligen Fenster. Im ersten Stock hat das dreiteilige Fenster einen Rundbogenabschluss. Neben dem Eingang, der in etwa der Mitte des Giebelteils liegt, befinden sich einteilige, rundbogige Fenster.

AUFGABE

– sogenanntes Dreifensterhaus
– als Einfamilienhaus entworfen
– Eingang häufig in der Mittelachse, später seitlich
– im Erdgeschoss meistens 2 Räume Salon und Speisezimmer
– Obergeschoss: Schlafzimmer und Wohnzimmer
– Küche entweder im Souterrain oder im rückwärtigen Anbau des Erdgeschosses
– individuelle Züge jedes Hauses durch Fassadengestaltung
– z. T. unterschiedliche Traufhöhen der Reihenhäuser

AUFGABE

Die Informationen zu dem, was vom Betrachter unmittelbar wahrgenommen werden kann, sind recht spärlich: so erfährt man nichts Genaues zur Fassadengestaltung, die eigentlich ein typisches Merkmal darstellt. Auf der Abbildung erkennt man an den Häusern reichliche Stuckarbeiten, z. T. Balkone, Erker, aber auch glatte Fassaden sowie Vorgärten mit offensichtlich schmiedeeiserner Umzäunung, die sich auch an den Balkonen wiederfindet.

AUFGABE

Die Beschreibung des eigenen Hauses würde mehr Wert auf die Darstellung der <u>individuellen Gestaltung</u> legen (z. B. wie werden die einzelnen Zimmer genutzt, welche Art der Ausstattung wie Heizung, Fußböden, Tapeten hat das Haus usw.), wie sie in der Form nur in dem Haus bzw. der Wohnung zu finden ist, das/die man selbst bewohnt. Die hier gegebene Beschreibung stellt das <u>Typische</u> in den Mittelpunkt.

WEG- UND GEBÄUDEBESCHREIBUNG
Gebäudebeschreibung Aufgabe 12

AUFGABE

 a) Im Wesentlichen werden die individuellen Merkmale eines bestimmten Hauses beschrieben, das jedoch in seiner Grundanlage typisch für eine bestimmte Wohngegend sein kann (z. B. Reihenhaus eines bestimmten Straßenzuges).

b) Wohnfläche 118 m²
Anzahl der Wohnräume 4 Zimmer zuzüglich Hobbyraum, wobei das Wohnzimmer 30 m² groß ist
Wärme- und Schallisolierung Thermopane-Verglasung, z. T. Rollläden, keine verbindenden Rohrsysteme mit den Nachbarhäusern

c) Eine tabellarische Baubeschreibung wendet sich im Wesentlichen an „Fachleute" wie Häusermakler, Architekten usw. oder an fachlich Interessierte, wie z. B. mögliche Käufer eines Hauses. Eine ausformulierte Baubeschreibung erwartet ein am Hauskauf Interessierter als zusätzliche ausführlichere und anschaulichere Information. Ansonsten finden ausformulierte Baubeschreibungen im privaten Bereich Verwendung (z. B. wenn die Wohnung/das Haus entfernt wohnenden Freunden, Verwandten oder Bekannten beschrieben werden soll).

d) Das Reihenhaus Brunnenstraße 16 in massiver Bauweise (Stahlbeton) hat 118 m² Wohnfläche, aufgeteilt auf 4 Zimmer zuzüglich eines Hobbyraumes mit 25 m², der durch eine Treppe mit dem Garten und der Terrasse verbunden ist.
Alle Zimmer sind mit Raufaser tapeziert und mit Binderfarbe weiß, die Holzteile des Balkons und der Terrasse sind offenporig gestrichen.
Das 30 m² große Wohnzimmer, die leicht geschwungene, mit Holzstufen belegte Massivtreppe zum Obergeschoss, der große Schrankflur und der überdachte Balkon weisen das Haus als Komforthaus aus, das in der Ausstattung nichts zu wünschen übrig lässt. Dazu gehören auch die Einrichtung der Küche mit komplettem elektrotechnischem Einbauprogramm, die Qualität der sanitären Anlagen, die Fliesen- und Fußbodenarbeiten z. T. in Parkett und Velour-Teppichboden.
Die Zentralheizung wird mit Gas betrieben. Die Wohnräume sind hervorragend wärme- und schallisoliert. Dazu tragen neben der kompletten Korksteinwärmedämmung die Thermopane-Verglasung der Fenster und die Rollläden im Erdgeschoss bei. Im Haus befinden sich ausreichend Leerrohre für Telefon- und Antennenanschlüsse.

6 GEGENSTANDS- UND VORGANGSBESCHREIBUNG
Spielanleitung — Aufgabe 1–3

AUFGABE

13 Hier können wir dir keine Lösung anbieten. Orientiere dich an den formalen Aspekten der tabellarischen Baubeschreibung nebst ihren Ergänzungen.

6 Gegenstands- und Vorgangsbeschreibung

AUFGABE

1 Die Turnier-Tischtennisplatte besteht aus einer rechteckigen Platte aus Holz oder Kunststoff mit einer Länge von 2,75 m und einer Breite von 1,53 m, die auf einem vierfüßigen Gestell 77 cm über dem Boden ruht. Die dunkle Platte wird in der Längsrichtung genau in der Mitte mit Hilfe einer weißen Markierung in zwei Hälften geteilt, die ihrerseits durch das in der Mitte quer über die Platte gespannte 17 cm hohe Netz in 4 Felder unterteilt werden. Jenseits des Netzes befinden sich also jeweils eine rechte und eine linke Spielhälfte. Eine weiße Markierung umrandet die gesamte Platte und gibt die Grenzen des Spielfeldes an.

AUFGABE

2 a) Eigentliche Spielanleitung: Z. *11–20*

b) Offene Fragen:
– Wessen Spielfeldseite wird durch Los ermittelt?
– Was macht der Rückschläger?
– Wann ist ein Punkt erzielt?
– Wie viele Spieler sind beteiligt?

c) Der erste Absatz dient formal als Einleitung und stellt inhaltlich die körperlichen Voraussetzungen dar, die ein Tischtennisspieler mitbringen muss. Darüber hinaus werden die einzelnen Schlagmöglichkeiten, die von der Schlägerhaltung abhängig sind, mit ihren Fachbegriffen benannt. Zur eigentlichen Spielausführung tragen sie nicht viel bei, da man das Spiel bereits kennen muss, um die Hinweise verstehen zu können.

AUFGABE

3 Das Tischtennisspiel kann mit zwei (Einzel) oder vier Personen (Doppel) gespielt werden.
Man benötigt dazu eine rechteckige Tischtennisplatte (für den Turniertisch gelten vorgeschriebene Maße). Sie ist mit Hilfe eines in der Mitte quer über

6 GEGENSTANDS- UND VORGANGSBESCHREIBUNG

Bedienungsanleitung — Aufgabe 4

die Platte gespannten Netzes in 2 Teile aufgeteilt, die durch eine weiße Längsmarkierung noch einmal in jeweils 2 Felder halbiert sind. Beim Einzel steht jeweils an der Stirnseite der Platte ein Spieler. Seine Spielfeldseite befindet sich diesseits des Netzes und besteht aus zwei der oben beschriebenen Feldern.

Jeder Spieler benötigt einen Tischtennisschläger, zum Spiel wird ein Tischtennisball aus Zelluloid verwendet.

Vor Spielbeginn wird mit Hilfe einer Münze ausgelost, welcher Spieler auf welcher Seite des Spielfeldes – die gesamte Tischtennisplatte stellt das Spielfeld dar – steht und wer den ersten Aufschlag hat. Das Spiel beginnt mit der Angabe: Der Aufschläger schlägt den Ball mit dem Tischtennisschläger auf seine Hälfte, von dort aus muss der Ball über das Netz in die Hälfte des Rückschlägers fliegen. Der Rückschläger muss den Ball nach einmaligem Aufschlagen in seinem Feld in das Feld des Aufschlägers zurückschlagen. Dieser verfährt nun wie der Rückschläger nach der Angabe. So entsteht ein Ballwechsel, der dann beendet ist, wenn einer der Spieler entweder den Ball nicht erreichen kann oder der Ball so geschlagen wurde, dass er nicht im Feld des Gegners auftrifft. Derjenige Spieler hat dann einen Punkt gewonnen, der den Ball so schlagen konnte, dass er im Feld des Gegners auftrifft, ohne dass dieser ihn zurückschlagen konnte. Ebenfalls einen Punkt bekommt man gutgeschrieben, wenn der Gegenspieler den Ball ins „Aus" schlägt, d. h. wenn der Ball nicht in der Spielfeldhälfte des Gegners auftrifft. Hat der Aufschläger 5 Punkte erreicht, wechselt die Angabe auf den Rückschläger, der nun Aufschläger ist. Im Folgenden wechselt die Angabe nach jeweils 5 Punkten, vom Spielstand 20:20 ab nach jedem Punkt. Es gewinnt der Spieler einen Satz, der zuerst 21 Punkte bei mindestens 2 Punkten Vorsprung erreicht hat. Ein Spiel hat 2 Gewinnsätze, bei Meisterschaftsspielen drei.

AUFGABE

a) Die angegebene Reihenfolge stimmt nicht:
Zuerst muss der Hörer abgenommen, dann das Geld eingeworfen werden (Punkt 1 und 2). Nach der Ortskennzahl muss die Nummer des Teilnehmers gewählt werden (Punkt 4).

b) Punkt 1: Man weiß nicht, wie viel Geld eingeworfen werden muss.
Punkt 3: Wie hört sich das Freizeichen an?
Punkt 4: Siehe a), bei Ortsgesprächen muss nur die Nummer des Teilnehmers gewählt werden.
Punkt 6: Man weiß nicht, woran man erkennt, dass der Anschluss besetzt ist.

c) Bis auf Punkt 6 sind die Angaben nicht in vollständigen Sätzen formuliert; es handelt sich im Wesentlichen um Aufforderungen im Imperativ.

GEGENSTANDS- UND VORGANGSBESCHREIBUNG
Bedienungsanleitung   Aufgabe 5–7

Nimm zuerst den Hörer ab, wirf dann das Geld ein und warte das Freizeichen in Form eines Dauertons ab. Wähle danach die Telefonnummer dessen, den du anrufen willst. Denke bei Ferngesprächen an die Ortskennzahl, die du vor der eigentlichen Rufnummer wählen musst. Wenn das Rufzeichen ertönt, musst du warten, ob sich der Teilnehmer meldet. Ist der Anschluss gerade besetzt, legst du den Hörer wieder auf. Der Apparat gibt dann das eingeworfene Geld wieder zurück.

AUFGABE

Wenn Sie aus einer öffentlichen Telefonzelle telefonieren wollen, müssen Sie Folgendes beachten:
Nachdem Sie den Hörer von der Gabel abgehoben haben, werfen Sie Geld (mindetens 30 Pf) in den Münzspeicher. Es ertönt dann das Freizeichen in Form eines Dauertons. Wählen Sie nun die Rufnummer des Teilnehmers, den Sie erreichen wollen. Bei Ferngesprächen müssen Sie vor der Rufnummer des Teilnehmers die Ortskennzahl wählen. Halten Sie die Hörkapsel des Telefonhörers so ans Ohr, dass Sie ungehindert in die Sprechmuschel sprechen können, nur so ist eine gute Verständigung gewährleistet. Blicken Sie während des Gespräches auf die Geldanzeige oberhalb des Münzspeichers. Wenn sie aufleuchtet, müssen Sie unbedingt Münzen nachwerfen, denn das Gespräch wird automatisch beendet, wenn das eingeworfene Geld aufgebraucht ist. Ist der Anschluss des angewählten Teilnehmers besetzt – das erkennen Sie an einem in regelmäßigen, kurzen Abständen unterbrochenen Ton –, hängen Sie den Hörer wieder in die Gabel ein. Der Apparat gibt dann das eingeworfene Geld im Geldrückgabefach zurück.

AUFGABE

Bedienungsanleitung	Walters Hinweise
a) Definition von „Schärfentiefe"	---
Die Anleitung zur Einstellung der Schärfentiefe gilt für alle denkbaren Möglichkeiten.	Walter wählt dagegen ein Beispiel zur Veranschaulichung.
b) verwendet mehr Fachbegriffe	verwendet ausführliche Umschreibungen
c) verwendet unvollständige Sätze. Es fehlt das Subjekt. Die Prädikate treten nur in Form von Infinitiven auf.	verwendet vollständige Sätze mit Subjekt und finiten Verbformen.

AUFGABE

a) Der Adressat (Benutzer des Gerätes) ist nicht bekannt. Der Text gilt für jeden Leser.

b) Unvollständige Sätze bzw. Satzellipsen oder elliptische Sätze.

GEGENSTANDS- UND VORGANGSBESCHREIBUNG
Bedienungsanleitung　　　　　　　　Aufgabe 8

AUFGABE

 Wie die Videokassette eingesetzt wird, hast du ja schon einige Male beobachten können. Du hältst die Videokassette mit dem Sichtfenster nach oben und schiebst sie in Pfeilrichtung langsam in das Kassettenfach des Videorekorders ein. Achte darauf, dass du sie waagerecht und nicht quer zu den Seiten des Einschubfaches hältst. Wenn sie etwa zur Hälfte verschwunden ist, schaltet sich der Rekorder automatisch ein und zieht die Kassette nach innen. Gleichzeitig leuchtet über dem Netzschalter ein rotes Lämpchen auf, das dir anzeigt, dass der Rekorder betriebsbereit ist. Ist die Kassette eingesetzt, erscheint unterhalb des Netzschalters die Anzeige dafür, dass du nun mit der Kassette die Aufnahme machen kannst: ein grün leuchtendes Symbol, das mit zwei miteinander verbundenen Kreisen die Kassette darstellen soll. Ich habe für dich einige der Bedienungselemente auf dem Schaubild gekennzeichnet. Hoffentlich kommst du damit zurecht.
Die für die Aufnahme vorgesehenen Bedienungselemente sind an der unteren Hälfte der Vorderseite angebracht. Um an sie heranzukommen, öffnest du die Klappe mit leichtem Ruck zu beiden Seiten des Gerätes.
Suche zuerst den Aufnahmeschalter. Er befindet sich links neben den drei Rädchen, mit denen man die Bildschärfe reguliert. Überprüfe nun, ob der Schalter in der Position „off" steht, wenn nicht, musst du ihn einstellen. Rechts neben den Bildschärfereglern, ganz am rechten Rand des Gerätes, befindet sich der Wahlschalter. Rücke ihn auf die Position „Tuner". Zum Schluss drücke noch die Rückstelltaste, damit das Bandzählwerk auf 0000 zurückgestellt ist.
Jetzt sind die Vorbereitungen abgeschlossen und du kannst mit der Aufnahme beginnen.
Dazu musst du zunächst das zur Aufnahme bestimmte Programm wählen. Drücke die Programmwahltaste, die sich links unter dem Sichtfenster für die Programmierung befindet, so lange, bis im Sichtfenster Platz 1 (für das Fernsehprogramm der ARD) abzulesen ist.
Überprüfe nun auf dem Fernsehgerät bei Knopf acht (das ist mein Video-Wiedergabe-Platz), ob der Empfang gut ist. Es müsste alles in Ordnung sein.
Nun ist alles Wesentliche getan. Die eigentliche Aufnahme ist einfach. Sobald der Fernsehfilm beginnt, drückst du die Aufnahmetaste. Du findest sie im linken Teil des Gerätes, direkt rechts neben der Stopptaste. Sie ist mit „REC" für „recording" gekennzeichnet.
Die Bedienungsanleitung zeigt dir zusätzlich, wie du den Bandlauf vorübergehend anhalten kannst. Das ist aber bei dem Film über die Expedition nicht erforderlich. Wenn du den Film bei mir bis zu Ende siehst, drückst du am Schluss auf die Stopptaste, lässt das Band zum Anfang zurückspulen, indem du die kleine metallfarbene Taste rechts neben der Aufnahmetaste betätigst, und drückst auf die Auswurftaste. Die Kassette wird dadurch ausgeworfen und du kannst sie in den Bücherschrank zurückstellen.

6 GEGENSTANDS- UND VORGANGSBESCHREIBUNG
Sachbuchartikel — Aufgabe 9–10

Für den Fall, dass du während des Films gehen musst, erkläre ich dir, wie du die Zeitschaltuhr für die Beendigung der Aufnahme programmieren kannst. Hierzu hältst du die Ausschalttaste, die zwischen Sichtfenster und Wahlschalter liegt, solange gedrückt, bis die Zeit 18.30 Uhr im Sichtfenster angezeigt wird. Nach beendeter Aufnahme schaltet sich der Videorekorder automatisch ab. Hoffentlich habe ich mich verständlich ausgedrückt, sodass du durch meine „Bedienungsanleitung" durchsteigst. Ich danke dir schon im Voraus und freue mich darauf, den Film über die Expedition gemeinsam mit dir anzusehen.

Tschüs und bis bald

AUFGABE

Aussagen, die den Vorgang des Fliegens betreffen, sind mit einer durchgezogenen, diejenigen, die die Flügel beschreiben, mit einer unterbrochenen Linie gekennzeichnet.

Wie Vögel fliegen
Wenn ein Vogel in der Luft die Flügel bewegt, entsteht Auftrieb – ähnlich wie bei den Tragflächen eines Flugzeugs. Gleichzeitig wird Schubkraft erzeugt. Bei Flugzeugen übernehmen die Triebwerke diese Aufgabe.
Betrachtet man einen Querschnitt durch einen Vogelflügel, ist er ähnlich geformt wie die Tragfläche eines Flugzeuges. Er ist leicht gewölbt, sodass die Luft über die Oberseite schneller hinwegstreicht als über die Unterseite. Dadurch entsteht der Auftrieb.
Im Flug liefert die Abwärtsbewegung der Flügel die Kraft. Sie werden gleichzeitig abwärts und vorwärts geschlagen. Der innere Teil bewirkt den Auftrieb, während der äußere Teil, an dem die langen Schwungfedern sitzen, ihn verstärkt und gleichzeitig für Schubkraft sorgt. Wenn die Flügel wieder aufgeschlagen werden, drehen sich die Schwungfedern so, dass sie Luft durchlassen und die Flügel ohne großen Kraftverlust bewegt werden können.

AUFGABE

Die Beschreibung des Tischtennisspiels ist so gestaltet, dass sie einen Unkundigen in die Lage versetzt, diese Sportart auszuüben. Man findet Aussageformen mit imperativem Charakter. Sie dient als Anleitung.
Die Beschreibung des Fliegens von Vögeln zieht Vergleiche zu dem Leser bekannten Sachverhalten (dem Fliegen von Flugzeugen), um den hier zu erläuternden Vorgang zu veranschaulichen. Imperativische Aussageformen fehlen. Der Leser soll nicht zur Nachahmung eines Vorgangs angeleitet werden, sondern über ein (naturwissenschaftliches) Phänomen Kenntnis erlangen.

AUFGABE

a) 1 Stabilisierungsfläche   3 Leitwerk   5 Tragflächenklappen
     2 Höhenruder   4 Seitenruder   6 Landeklappen

PERSONENBESCHREIBUNG
Die Selbstdarstellung — Aufgabe 1–3

7 Trimmklappen   9 Seitensteuer   11 Bugrad
8 Steuerknüppel   10 Fahrwerk   12 Propeller

b) Es handelt sich ausschließlich um Komposita.

c) Die Beschreibung des Fliegens von Flugzeugen enthält viele Fachbegriffe, deren Kenntnis beim Leser vorausgesetzt sind, häufig ist das jedoch nicht der Fall.

7 Personenbescheibung

AUFGABE

Name/Geburtsdatum/Aussehen (Größe, Gewicht, Haarfarbe, Haare)/ Schule/Geschwister/Vorlieben, Lieblingsbeschäftigungen, Hobbies, Schwächen/Wohnort

AUFGABE

Mein Name ist Markus Wagner. Ich bin am 12. März 1988 in Detmold geboren. Ich bin 1,48 m groß, wiege 40 kg und habe dunkelbraune Haare. Sie bedecken nicht ganz meine Stirn.
Nach unserem Umzug nach Bonn bin ich in die Grundschule in der Rheinallee gekommen. Dort ist jetzt meine kleine Schwester Monika. Ich mag am liebsten: Fußball spielen, Schwimmen (Fahrtenschwimmer am 6. Juli), Indianerbücher lesen und alle Sorten von italienischem Essen.
Ich mag nicht: meine Sommersprossen, die ich aber nur, wie der Name schon sagt, im Sommer habe, und wenn meine kleine Schwester mich nervt, was sie ziemlich oft macht.
(Kummer: weiß ich im Moment nicht, vielleicht: dass ich im Rechnen nicht so gut bin.) Ich lebe mit meinen Eltern, meiner Schwester und unserem Dackel (der aber eigentlich meiner Schwester gehört) in der Liebermanngasse. Dort haben wir ein Haus.

AUFGABE

a) Hierbei helfen natürlich nur diejenigen Merkmale, die über das Äußere von Markus Auskunft geben, wie Größe, Gewicht, Haarfarbe, Frisur, Gesicht.

b) Gestalt/Augenfarbe/Sprache/besondere Kennzeichen.

PERSONENBESCHREIBUNG
Die Beschreibung der äußeren Erscheinung — Aufgabe 4

c)

Die Personenbeschreibung als Selbstdarstellung	zu Erkenntniszwecken
Adressat	
– andere Mitschüler	– Polizei
– Brieffreundin/Brieffreund	– an der Suche beteiligte Personen
Zweck/Absicht	
– seine Person anderen bekannt zu machen	– Identifizierung (eventuell aus einer größeren Anzahl von Personen)
– Darstellung, wie man sich sieht, wie man gerne sein möchte	
Inhalt	
– äußere Merkmale, vor allem aber innere Eigenschaften, Beobachtungen und Einstellungen; dazu gehören auch Erinnerungen, das, was man mag und was man nicht mag	– ausschließlich äußere, von außen zu erkennende Merkmale

AUFGABE

a) Für diese Aufgabe können wir verständlicherweise keine Lösung angeben.

b) Ergänzungen sind möglich in folgenden Merkmalsbereichen:

<u>Haar</u> fettig, trocken, struppig; schulterlang, kinnlang, bis zu den Ohren; parfümiert, altmodisch, modern usw.;

<u>Frisur</u> Pagenkopf, Bubikopf, Pferdeschwanz, Knoten, Locken usw.;

<u>Stimme</u> hoch, tief, schwach, heiser, piepsig;

<u>Gestik</u> ruhig, mit den Händen fuchtelnd, mit Armen und Beinen redend;

<u>Körperbau</u> stämmig, zierlich, schmächtig, mager, feingliedrig, beleibt, massig, korpulent, muskulös usw.

c) <u>Adressat:</u> – Polizei
– an der Suche beteiligte Personen

Da es sich um außenstehende Personen handelt, die die vermisste Person nicht kennen, sind diese auf Merkmalsbeschreibungen angewiesen, die sich nur auf das Äußere beziehen und so genau wie möglich sein müssen. Nur solche Merkmalsbeschreibungen tauchen in der Fahndungsliste auf.

d) <u>Vorteile</u>
– die Liste gibt eine Beschreibungshilfe; es werden Merkmale genannt, auf die man von selbst nicht kommt;

<u>Nachteile</u>
– man richtet seine Aufmerksamkeit nur noch auf Merkmale, die die Liste aufweist und vergisst leicht andere Merkmale

PERSONENBESCHREIBUNG
Die Beschreibung der äußeren Erscheinung   Aufgabe 5–7

– die Liste zwingt den Beschreibenden zu differenzierter Beschreibung

AUFGABE

Die Liste ordnet die Merkmalsbereiche in der Reihenfolge von der Gesamterscheinung zu den Einzelheiten an. Ausnahme: Der Merkmalsbereich „Körper" wird erst nach dem Bereich „Gesicht" genannt.
Der Merkmalsbereich „Gesicht" wird mit sehr vielen einzelnen Kennzeichnungen versehen. Alle übrigen Merkmalsbereiche haben einen ähnlich großen Umfang.
Die Abfolge der Merkmale, vom gesamten Bild zu einzelnen Kennzeichnungen, kommt dem Zweck, nämlich der Erkenntnis der vermissten Person, entgegen. Man achtet ja zunächst auf die Gesamterscheinung, danach auf einzelne Auffälligkeiten, besonders im Gesichtsbereich.
Besonders häufig werden Adjektive benutzt.

AUFGABE

a) Duisburg: Am Samstag, dem 17. März 1990, ist die vierjährige Sonja Makler von ihrem Vater als vermisst gemeldet worden. Sonja hatte mit ihren Eltern und den Geschwistern gegen 16.00 Uhr im Kant-Park, in der Nähe des Lehmbruck-Museums, Verstecken gespielt und war plötzlich nicht mehr gesehen worden. Das Mädchen ist recht schlank, etwa 1,10 m groß und hat lockige, etwa bis zum Kinn reichende, mittelblonde Haare. Sie streicht ihre Haare oftmals nach hinten, sodass dabei ihre Stirn recht hoch wirkt. Ihre Augenfarbe ist braun. Sonja spricht sehr flüssig, ohne Dialekt. Sie trägt eine helle, naturfarbene Strickjacke, die nur von den oberen Knöpfen zusammengehalten wird, dunkelbraune Cordhosen mit Aufschlag und rote Stiefel. Auffällig ist die rote lederne Umhängetasche, die Sonja bei sich trägt.

b) Adverbiale Bestimmungen und Attribute

AUFGABE

Vermisst wird seit dem 1. März 1998 der sechsjährige Tobias B. aus Hanau. Er wurde zum letzten Mal von seinen Spielgefährten auf dem Weg von der Schule nach Hause, gegen 12.30 Uhr, in der Brüder-Grimm-Gasse, Ecke Friedberger Landstraße, vor einem Kiosk gesehen.
Der Junge ist schlank, von zierlicher Gestalt und 126 Zentimeter groß. Er hat glatte, mittelblonde Haare, die seitlich über den Ohren gerade abgeschnitten sind und vorne leicht in die Stirn fallen. Seine Augenfarbe ist blaugrau. Die Augenbrauen sind recht hell, seine Ohren ein wenig abstehend. Tobias hat eine hohe Stimme und spricht schnell, ohne Dialekt. Dabei fällt auf, dass er im oberen Zahnbereich, anstelle der Schneidezähne,

PERSONENBESCHREIBUNG
Die charakterisierende Personenbeschreibung   Aufgabe 8–9

eine Zahnlücke hat, wodurch Tobias auch leicht lispeln muss.
Er ist bekleidet mit einem dunkelblauen Nicki aus Velours, auf dem auf der linken Seite in Herzhöhe ein kleiner goldfarbener Anker aufgestickt ist. Dazu trägt er eine hellblaue Jeans und knöchelhohe schwarze Schnürschuhe mit dicken Sohlen.
Besonders auffallend ist, dass Tobias z. Zt. seinen linken Unterarm in Gips tragen muss. Finger und Daumen sind frei. Der Gips ist umwickelt mit einem blauen Tuch und halb vom Ärmel seines Nickis bedeckt. Tobias benutzt ein weißes, schmales Armtragetuch.
Tobias ist ein lebhafter, besonders freundlicher Junge, der recht schnell Kontakt findet.
Als Anzeigender bin ich darüber unterrichtet, dass ich jede Nachricht, die ich über die vermisst gemeldete Person erhalte, der Polizei zu melden habe.

AUFGABE

Hier geht es vor allem darum, die beschriebene Person in ihren charakteristischen Eigenschaften zu treffen. Der Beschreibende (a) bringt seine persönliche Einstellung zu der beschriebenen Person mit ein. Der Zweck der Beschreibung (b) liegt darin, die beschriebene Person anderen bekannt zu machen, sie in ihren typischen Charaktereigenschaften und in ihrem Verhalten zu kennzeichnen. Deshalb gehören vor allem Beurteilungen über den Charakter, wertende Ausdrücke über die Einstellung, Vorlieben und Schwächen hinzu (c). Der Adressat (d) soll darüber informiert werden, welches subjektive „Bild" der Beschreibende von der dargestellten Person hat.

Unterschiede zur Vermisstenanzeige:
– der Beschreibende darf seinen subjektiven Eindruck von der Person wiedergeben;
– im Vordergrund steht nicht so sehr das äußere Erscheinungsbild, sondern mehr die Gesamterscheinung einer Person, die sich aus Haltung, Einstellung, Ansichten, Launen usw. zusammensetzt;
– das Ziel ist es, die Person in bestimmten Eigenschaften treffend zu charakterisieren.

AUFGABE

... einen sehr sympathischen Eindruck (Z. 5),... so als wollte sie aus jedem Schüler das Beste, was er zu bieten hat, hervorlocken (Z. 10–12), ... sehr originell (Z. 29/30), ... Gut reagiert, nicht! (Z. 36/37), ... Es macht auch sehr viel Spaß bei ihr, (Z. 42/43), ... sehr beliebt (Z. 48) ...

PERSONENBESCHREIBUNG
Die charakterisierende Personenbeschreibung — Aufgabe 10–12

AUFGABE 10

a) Name   Haar, Frisur
Alter   Kleidung, Brille
Wiedergabe des Eindrucks   Haltung
Augenfarbe   Wiedergabe des Eindrucks
Haltung, Einstellung, Eigenschaften

b) Zunächst beginnt Michaela mit einigen äußeren Daten: Name, Alter, Augenfarbe. Diese Merkmale verknüpft sie mit der Wiedergabe ihres subjektiven Eindrucks. Sie wählt dann bestimmte Gesichtspunkte für ihre Beschreibung: Verhalten den Schülern gegenüber/Haltung/Haar, Frisur/Kleidung/pädagogisches Verhalten/Vergangenheit der beschriebenen Person/Wiedergabe des Eindrucks.

AUFGABE 11

a) eher beschreibende Passagen:
Z. 2–4; 8/9; 18–21; 21–27 (zum Teil mit beurteilenden Ausdrücken); 36–42
eher beurteilende Passagen: Z. 5; 6–13; 27–30; 42–48

b) Z. 21–24: Manchmal trägt sie eine Brille: randlose Gläser mit goldenen Bügeln. Sie sieht dann sehr vornehm aus. Der Eindruck wird verstärkt durch ihre Kleidung.
Z. 27–29: Die völlig lässigen Jeans, die sie anhatte, passten nicht recht zu dem Übrigen, wirkten aber ...
Z. 37–43: In einer Stunde, in der wir sie etwas zu ihrer Person fragen durften, erzählte sie uns ... lieber unterrichtet. Es macht auch sehr viel Spaß bei ihr, ...

AUFGABE 12

Herausgeschrieben sind nur die besonders auffallenden Wörter und Wendungen.

Verben (in der Verbform)	Attribute	adv. Bestimmung
beobachtet	sympathischen	ruhige, abwartende
hervorlocken	großen dunklen	Haltung
sind zurückgekämmt	kleine lose	temperamentvoll
sind zusammengefasst	völlig lässig	hektisch
wird verstärkt	farblich leicht	im Nacken zu einem Knoten
passten	abgesetztes	
wirkten		mit goldenen Bügeln
gemerkt haben		originell
ernst nimmt		

PERSONENBESCHREIBUNG

Die charakterisierende Personenbeschreibung Aufgabe 13

AUFGABE

 Mein erster Eindruck von unserer neuen Mitschülerin geht auf das Bild zurück, das ich von ihr gesehen habe. Darauf sieht man sie auf dem Schulhof ihrer alten Schule. Sie steht mit einer lässigen Haltung an einen Pfosten gelehnt, den linken Fuß ein Stück nach vorne gesetzt, das rechte Bein leicht angewinkelt. Simone ist 13 Jahre alt und recht groß für ihr Alter, etwa 1,70 m groß. Sie hat eine sehr schlanke Figur.
Ihr Gesicht ist gut zu erkennen. Sie blickt mit ihren dunklen Augen genau in die Kamera, doch scheinen Blick und Mund, mit dem sie ein Lächeln andeutet, zu zeigen, dass sie „dem Frieden nicht recht trauen kann". In beidem liegt so eine Mischung aus leichter Verlegenheit und Skepsis.
Ihre Haare sind mittelblond, nicht ganz schulterlang und aus der Stirn glatt zurückgekämmt. Sie trägt einen Scheitel auf der rechten Seite.
Simones Kleidung ist lässig: ein weiter, langer, anthrazitfarbener Pulli, dessen lange Ärmel bis halb über die Hände reichen. Dazu trägt sie eine weite, weiß-grau gestreifte Hose, die ihr bis zu den Waden reicht, und flache Schnürschuhe mit einem Perlmuster und dunkle Söckchen. Übrigens hat sie an Mittel- und Ringfinger ihrer rechten Hand, die dem Betrachter zugewendet ist, jeweils einen kaum wahrnehmbaren silbernen Ring.
Insgesamt wirkt Simone mit ihrer Haltung, der Kleidung und mit ihrem Blick so, als habe sie eine Menge zu sagen, doch platzt sie mit ihrer Meinung sicherlich nicht vorschnell heraus. Ich vermute, dass sie eher abwartend und kritisch ist. Hat sie aber zu einer Sache Stellung bezogen, wird sie ihre Meinung sicher auch vertreten: So eine Mitschülerin ist für jede Klasse ein Gewinn.

8 Stellung nehmen

Behauptung – Meinung – Argument

AUFGABE 1

Die Diskussion sollte das Meinungsbild über die Frage „Skifahrt – ja oder nein" vor dem Hintergrund der Umweltbelastung durch den Skisport erhellen. Sie sollte noch nicht dazu führen, diese Frage zu entscheiden.

AUFGABE 2

Äußerungen, die Sachkenntnis zeigen	Äußerungen, die auf Sachkenntnis hindeuten, diese aber zu wenig ausweisen	Äußerungen, die – bezogen auf die Frage – wenig Sachkenntnis zeigen
G, J, N	H, M, O	P, R

AUFGABE 3

a) B: ... <u>denn</u> schließlich ist die Bewegung an der frischen Luft das Beste ...

J: ... wird die Schutzfunktion des Waldes, <u>denn</u> ...

N: ... oft liegt das an der Ausübung des Skisports selbst, <u>weil</u> ...

Die in Aussage B gegebene Begründung überzeugt weniger, weil hier eine Verallgemeinerung vorgenommen wird, für die Gegengründe angegeben werden können.

Die Begründungen in Aussage J und N betreffen den Sachgegenstand, enthalten nachprüfbare Tatsachen und überzeugen dadurch.

b) Aussagen C, M, K, P bleiben unbegründet.

c) In Aussage C, G, O wird eine persönliche Erfahrung als Begründung angegeben. Persönliche Erfahrungen sind als Begründungen nur geeignet, wenn sie sich im Sinne nachprüfbarer Tatsachen verallgemeinern lassen. Das ist in Aussage G und O der Fall. In Aussage C wird ein ganz persönliches, nicht zu verallgemeinerndes Werturteil abgegeben. Der Sprecher weist durch das Wort „mir" auf seine persönliche Meinung hin.

d) In Aussage R wird ein Diskussionsteilnehmer persönlich angegriffen. Die Aussage bezieht sich nicht auf den Diskussionsgegenstand und ist unsachlich. Der Diskussionsteilnehmer wird durch eine solche Art des sprachlichen Angriffs unter Umständen eingeschüchtert und wird am Gespräch möglicherweise nicht weiter teilnehmen.

STELLUNG NEHMEN
Behauptung – Meinung – Argument — Aufgabe 4–7

AUFGABE

 Information 5   kann als Stütze dienen für Aussage T
                2   M
                3   M
                1   H
                4   L, P

AUFGABE

 a) Beispiel: Information 4, 1 (indirekt)
b) Vergleich: Information 3 – Der Pistenausbau wird mit einem „Kreisel" bzw. „Karussell" verglichen.
c) Verallgemeinerung: Information 6 – „Bayerns Berge und Tirol" = „die gesamte Alpenregion"

AUFGABE

 Schülervertreter 2 (G) berichtet aus eigener (Lese-)Erfahrung über Eingriffe in die Natur, die als negative Folgen des Skisports gesehen werden können. Elternvertreter (H) zieht daraus eine allgemeine Schlussfolgerung, die Lehrervertreter 3 (J) mit einem Beispiel belegt.

Die Diskussionsteilnehmer gehen auf die Beiträge des jeweiligen Vorredners ein. Dadurch entsteht für den Hörer (Leser) ein nachvollziehbarer Begründungszusammenhang. Er kann nun der These (Behauptung) über die negativen Auswirkungen des Skisports auf die Natur eher Glauben schenken.

AUFGABE

Beispiel 1: Begründungszusammenhang erstellt aus Aussage M und Information 2 und 6 (andere indirekt einbezogen).
Es sind nicht nur die Rodungen des Waldes als umweltgefährdend anzusehen. Auch die Pistenpflege, die die Skifahrer erwarten, verursacht dauerhafte Schäden, <u>denn</u> um die Schneeverhältnisse zu verbessern, werden in der gesamten Alpenregion ca. 300 Schneekanonen eingesetzt. Diese verteilen sogenannten Schneezement, der aus einem Stickstoffdüngemittel besteht. <u>Dadurch</u> werden die Gewässer belastet.

Beispiel 2: Begründungszusammenhang erstellt aus Aussage P und Information 4 (andere Informationen indirekt).
Skisport ist Alpenmord! <u>Das kann man am Beispiel</u> des Skigebietes Fellhorn in den Allgäuer Alpen sehen. Ca. ein Viertel der Fläche des Skigebietes, das früher aus Almen und Bergwald bestand, wurde in den letzten 15 Jahren durch Vollplanierung, Abtragung kompletter Bergteile und Ausholzung ganzer Schutzwaldgebiete nachhaltig geschädigt. <u>Darüber hinaus</u> schneiden die massenhaften Skiläufer auf den Pisten bei schlechten Schneeverhältnissen die Pflanzen mit ihren scharfen Stahlkanten regelrecht ab, <u>sodass</u> die Bodenstabilität gefährdet ist. Messungen haben ergeben, dass

in so geschädigten Böden kein Starkregen mehr eindringen kann. Die Folge ist Bodenabtrag in großen Mengen.

Zusammenhängend begründen

AUFGABE

Dass es Michael ein sehr ernstes Anliegen ist, erkennst du daran, dass er seine Meinungen mit Begründungen vertritt, d. h. er stützt die Aussagen auf Tatsachen, Stellungnahmen, Beobachtungen und Äußerungen, die von jedermann nachzuprüfen sind. Michael gibt deshalb über die Herkunft dieser Aussagen genaue Auskunft (Quellen). Absicherung der Aussagen und Nachprüfbarkeit sollen dir zeigen, dass es Michael nicht um bloße Meinungsäußerung geht, sondern um eine auf Überzeugung angelegte begründete Stellungnahme, die ihrerseits verlangt, dass du dich mit ihr auseinander setzt.
Michaels kritische Haltung zeigt sich darin, dass er das Thema „Skifahrt – ja oder nein?" vorwiegend unter dem Gesichtspunkt der ökologischen Gefährdung beschreibt. Unter Punkt B) räumt Michael ein, dass die Busanreise der bisherigen Schulskifahrten „umweltschonend" ist. Hauptsächlich geht es ihm aber darum, die Gefahren des Skitourismus aufzuzeigen.

AUFGABE

Michaels Absicht ist es zu <u>informieren</u>: Anhand verschiedener Problemfelder zeigt er die Gefahren des Skilaufens und des Skitourismus für Mensch und Natur auf. Michaels Absicht ist es zu <u>überzeugen</u>: Michaels Beschreibungen über die negativen ökologischen Folgen des Skifahrens und die damit verbundenen Begleiterscheinungen sind so angeordnet, dass sie für den Leser in einem nachprüfbaren Begründungszusammenhang erscheinen. Sie zielen auf das Einverständnis des Lesers ab.

AUFGABE

1. <u>Einleitung</u>
   - Nennung des Themas
   - Aufteilung der ökologischen Gründe in 3 Hauptgruppen

2. <u>Hauptteil</u>
a) Problemfelder:
   A) Lift- und Pistenbau;
   B) Anreise der Skitouristen;
   C) Skibetrieb und Pistenpflege.

STELLUNG NEHMEN
Zusammenhängend begründen — Aufgabe 11–12

b) <u>Belege:</u> Art der Belege:
   Z. 19–29   Zitat (Erfahrung, Beobachtung, Untersuchung)
   31–33   Zitat (Beobachtung)
   45–48   Zitat (Wissenschaftliche Untersuchung)
   54–59   eigene Erfahrung
   60–65   Zitat (Wissenschaftliche Messung, Daten)
   70–74   Zitat (Erfahrung)

c) Folgerungen:
   Z. 30–33; 41–43; 53/54; 67/68; 77–80.

3. Schluss
   Michael hält den „Schulskifahrern" 3 Möglichkeiten vor Augen:
   1. die ökologischen Gefahren des Skisports zu ignorieren;
   2. das Skifahren aufzugeben;
   3. unter bestimmten Bedingungen den Skisport zu betreiben.
   Unter Punkt 3. sind Michaels Forderungen enthalten: Z. 90–95.

AUFGABE 11

Die Belege (Z. 19–29 Schutzfunktion des Bergwaldes; Z. 31–33 Zerstörung der Bodenstruktur; Z. 45–48 Verlichtung der Schutzwälder und Folgerungen; Z. 60–65 Vergrößerung des Bodenabtrages) sind direkt über den Sachgegenstand ausgesagt. Die Aussagen enthalten nachprüfbare Tatsachen und können akzeptiert werden. In den Belegen (Z. 54–59 Pistenbeschreibung und Z. 70–74 Folgen der Kunstbeschneiung) sind persönliche Erfahrungen und Beobachtungen angesprochen. Die erste Äußerung gibt einen Eindruck wieder und hat keinen Verallgemeinerungswert. Sie wirkt im Sinne der Nachprüfbarkeit nicht überzeugend. Der zweite Beleg lässt sich im Sinne nachprüfbarer Tatsachen verallgemeinern. Er ist akzeptabel.

AUFGABE 12

<u>Ich bin der Auffassung, dass</u> der Lift- und Pistenbau, der heute schon eine Länge von 120 000 Kilometern erreicht hat, eine nicht mehr zu überbietende Gefahr für Natur und Umwelt darstellt. <u>Dies begründe ich damit, dass</u> der weit ausgedehnte Raubbau an der Natur für Skilifte und Pisten durch Bergwäld führt und insofern verhindert, dass der Bergwald seine vielfältigen Schutzfunktionen wie Ausgleich für den Wasserhaushalt, Lebensraum für Tiere und Schutz der Bodenstruktur erfüllen kann. Der Pistenbau schädigt den Bergwald, da z. B. die Abflachung von Steilhängen zu Lawinen und Überschwemmungen führt, die für Siedlungen unterhalb des Waldes lebensbedrohliche Folgen haben können. <u>Deshalb komme ich zu der Forderung, dass</u> Skifahrten nur noch dort genehmigt sein sollten, wo garantiert ist, dass sowohl keine neuen Pisten mehr gebaut werden als auch Renaturisierungsmaßnahmen erfolgen.

8 STELLUNG NEHMEN
Zusammenhängend begründen — Aufgabe 13–14

AUFGABE 13

Klasse 7b
Albert-Einstein-Gymnasium
47053 Duisburg, 21. März 1997

An den
Fremdenverkehrsverein
Schneefilden
Österreich

Betr. Ihre Umweltschutzmaßnahmen im Skigebiet

Sehr geehrte Damen und Herren,
an unserer Schule werden seit vier Jahren im Winter die Klassenfahrten als Skifahrten durchgeführt. In letzter Zeit haben jedoch Eltern, Schüler und Lehrer die besondere Umweltbelastung des Skisportes zur Sprache gebracht und deshalb gefordert, dass die Skifahrten eingestellt werden sollen. Auch in unserer Klasse haben sich die Bedenken gegenüber den Skifahrten aufgrund ihrer umweltschädigenden Einflüsse gehäuft. Unsere Entscheidung darüber, ob wir im nächsten Winter eine Skifahrt unternehmen werden oder nicht, wollen wir deshalb davon abhängig machen, ob in Schneefilden die Umwelteinflüsse der Skifahrten erkannt sind und wie man dort für Natur und Umwelt sorgt.
Im Einzelnen haben wir folgende Fragen:
1. Werden im Skigebiet Schneefilden neue Pisten und Lifte gebaut?
2. Werden Schneekanonen eingesetzt? Wenn ja, in welchem Umfang?
3. Wird der Pistenbetrieb bei Schneemangel eingestellt? Welche Alternativen zum Wintersport gibt es in Schneefilden?
4. Wo und in welchem Umfang werden Pistenraupen gebraucht?
5. Führen Sie Maßnahmen zur Renaturisierung geschädigter Flächen durch?
6. Gibt es im Skigebiet Gletscher- und Heli-skiing?
Wir wären Ihnen dankbar, wenn Sie unsere Fragen möglichst ausführlich beantworten könnten, denn es wird ja auch von Ihren Antworten abhängen, ob wir unsere Skifahrt in Ihr Skigebiet unternehmen werden.
Mit freundlichen Grüßen

für die Klasse 7b am
Albert-Einstein-Gymnasium

AUFGABE 14

a) Anlage und weiterer Bau von Pisten und Liften (Nr. 2, 8);
Schutz des Bodens und der Vegetation (Nr. 3, 8);
Bodenabtrag, Verflachung (Nr. 6);

STELLUNG NEHMEN
Zusammenhängend begründen — Aufgabe 15–16

Helikopter-skiing (Nr. 7);
Renaturisierung (Nr. 8).

b) Der Fremdenverkehrsverein nimmt die Bedenken und Anfragen der Schüler ernst. Das erkennst du daran, dass verschiedene Maßnahmen genannt werden, die den schädigenden Einflüssen des Skisports auf die Umwelt begegnen sollen.
Wie und in welchem Umfang diese Maßnahmen im Einzelnen durchgeführt werden, kannst du allerdings den Antworten nicht entnehmen. Die Antwort Nr. 2 spricht davon, dass „im Moment" keine Skipisten gebaut werden. Hier wird keine Auskunft darüber gemacht, ob weitere Pisten in der Planung sind. Die Antwort Nr. 3 sagt nichts darüber aus, was „zu wenig Schnee" bedeutet. Wer entscheidet darüber?
Die Antwort Nr. 4 spricht vom Einsatz von Schneekanonen nur an „Schwachstellen". Was sind „Schwachstellen"? In welchem Zeitraum werden diese „Schwachstellen" mit künstlichem Schnee aufgefüllt? Dient der Einsatz der Schneekanonen vielleicht auch der Saisonverlängerung?
Die Antworten des Fremdenverkehrsvereins klären diese Fragen nicht im Einzelnen und sind eher dazu gedacht, die Bedenken der Schüler zu zerstreuen.

AUFGABE 15

In dem Artikel der Fachzeitschrift werden die Schneekanonen nur in ihrer positiven Auswirkung (Schutz der Pisten und der Vegetation) beschrieben. Sie erhalten eine positive Bewertung.
Diese andere Bewertung kommt dadurch zustande, dass hier ein anderes Interesse vertreten wird. Das Interesse des Verfassers ist es, den Skiort zu erhalten. Das kann nur dadurch erreicht werden, dass der Touristenzustrom nicht gefährdet wird und insofern die wirtschaftlichen Vorteile der Region gewährleistet bleiben.
(Du erkennst die positive Bewertung auch daran, dass der umgangssprachliche Ausdruck „Schneekanonen", der ja etwas Militärisch-Gefährliches beinhaltet, durch den neutral klingenden Begriff „Schneeanlagen" ersetzt worden ist.)

AUFGABE 16

Information	Interesse	Interessenvertreter
2, 4, 5	Erhalt der wirtschaftlichen Situation der Skiregion	Vertreter der verschiedenen Industriezweige
1	Umwelterziehung	Vertreter der schulischen Institution
2, 3, 4	sportliche Aktivität	Vertreter der Sportverbände und der Sportindustrie

STELLUNG NEHMEN
Zusammenhängend begründen — Aufgabe 17–18

AUFGABE 17
Beispiele: Information 5
Vergleiche: Information 4
Verallgemeinerungen: Information 3

AUFGABE 18
Stellungnahme für die Abschaffung von Skifahrten:
Ich bin der Meinung, dass unsere Schule keine Skifahrten mehr durchführen sollte, denn die Umweltbelastung, die das Skifahren verursacht, ist so groß, dass jeder Einzelne von uns anfangen muss, einen Beitrag zu leisten, damit die nicht wieder gutzumachenden Schäden nicht noch größer werden.
Diese Schäden lassen sich am Beispiel des Allgäuer Fellhorn-Skigebietes belegen, wo der Münchner Geograf Thomas Dietmann umfangreiche Untersuchungen durchgeführt hat: Dort wurde ein Viertel der heute als Skigebiet genutzten Fläche, die früher aus Almen und Bergwald bestand, durch Planierung, Sprengung von Felsteilen und Abholzung von Schutzwald so stark geschädigt, dass die Bodenerosion bedenkliche Formen annimmt, denn die Bäume, aber auch die Grasnarben und Sträucher, die zusätzlich noch von den scharfen Stahlkanten der Skifahrer wie mit dem Messer abrasiert werden, fallen als Stabilisatoren des Bodens aus. So kann kein Starkregen mehr in den Boden eindringen: Messungen haben ergeben, dass der Regen zu zwei Dritteln direkt abfließt und dabei über 6 Pfund Boden je 100 Quadratmeter mitschwemmt. Die Folge sind Erdrutsche und Geröllawinen größeren Ausmaßes, die ganze Täler und Dörfer verschütten. Die Naturkatastrophe im Veltin 1987 ist dafür ein eindrucksvolles Beispiel und es droht die Gefahr, dass die gesamte Alpenregion bald regelrecht verstümmelt sein wird. Den Rodungen des Bergwaldes zum Zwecke des Pistenausbaus muss deshalb Einhalt geboten werden.
Aber nicht nur die Rodungen des Waldes sind so umweltgefährdend, die Pistenpflege und der Pistenausbau selbst stellen eine ebenso große Gefährdung dar. Das künstliche Auftragen einer Schneedecke bei unzureichenden Schneeverhältnissen mit Hilfe von Stickstoffdüngemitteln belastet die Gewässer. Der Pistenausbau führt zu einem regelrechten Teufelskreis: je mehr Pisten gebaut und ausgebaut werden, umso mehr Touristen werden angezogen, was dazu führt, dass immer neue Parkplätze, Zufahrtsstraßen, Hotels usw. gebaut werden müssen. Die Touristenzentren verschandeln nicht nur die Landschaft mit dem motorisierten Anreiseverkehr wächst auch die Luftverschmutzung und der ohnehin schon bedrohte Bergwald wird zusätzlich geschädigt. Aus all dem lässt sich meiner Ansicht nach nur die Schlussfolgerung ziehen, dass wir Schüler unserer Schule endlich ein Signal setzen und zeigen müssen, dass es uns mit dem Umwelt- und Naturschutz ernst ist. Wir müssen auf die Skifahrten verzichten!

8 STELLUNG NEHMEN
Zusammenhängend begründen — Aufgabe 18

Stellungnahme <u>für die Beibehaltung der Skifahrten</u>
Ich trete für die Beibehaltung der Skifahrten an unserer Schule ein. Einen wichtigen Grund für meine Stellungnahme sehe ich darin, dass wir hier an der Schule zu verantwortlichem Handeln gegenüber uns selbst, den Mitmenschen und der Umwelt erzogen werden sollen. Das soll im Unterricht genauso geschehen wie in außerunterrichtlichen Veranstaltungen. Deshalb bietet sich mit der Skifahrt als einer Schulveranstaltung die Chance, dieses Ziel zu erreichen; es ermöglicht sozusagen eine Lernsituation vor Ort, wo wir Kenntnisse über unsere Umwelt direkt gewinnen können, was zur Folge hat, dass wir uns in der Zukunft besser verhalten können.
Ich fordere eine Art des Skisports, bei dem verantwortlich mit der Landschaft umgegangen wird. Dies hat Folgen für die Pistenpflege: Wenn nämlich nur bei ausreichender Schneemenge Ski gefahren wird, dann können negative ökologische Auswirkungen verhindert werden. Ein schonender Skibetrieb hat dann zur Folge, dass im Sommer auf den Pisten artenreiches Pflanzenwachstum entstehen kann. Um dies zu gewährleisten, dürfen für Pisten keine ökologisch wertvollen Flächen benutzt werden, sondern nur solche, die im Winter nicht anders genutzt werden können, wie Almen, Rasenflächen und landwirtschaftliche Wiesen. Das ist zum Beispiel in Bayern der Fall, wo der Anteil der Pistenfläche an der Alpenfläche nur 0,6% ausmacht. Daraus ergibt sich, dass der negative ökologische Einfluss der Skipisten nicht groß sein kann.
Wenn wir die Skifahrten an unserer Schule einstellen und wenn viele Schulen unserem Beispiel folgen, dann hätte dies für die Alpenregion verheerende wirtschaftliche Folgen. Denn Skitouristen sorgen dafür, dass die wirtschaftliche Existenz der am Skitourismus beteiligten Unternehmen und Betriebe mit ihrer großen Anzahl von Beschäftigten gesichert bleibt.
Wie wir auf unseren letzten Skifahrten selbst erfahren haben, sind der sportliche Nutzen und der gesundheitliche wie auch der Wert für die Gemeinschaft so groß, dass ich mich angesichts der begrenzbaren Schäden für die Umwelt für die Beibehaltung der Skifahrten ausspreche.

Wie du gemerkt hast, hat der Schüler in seiner Stellungnahme für die Beibehaltung der Skifahrten bereits Gegengründe einbezogen, um sie durch seine eigenen Argumente zu entkräften. Auf die Bedeutung dieses Argumentationsverhaltens weist dich der zweite Abschnitt des Merkkastens am Ende des letzten Kapitels hin.

INHALT

VORWORT   5

1 Sich informieren   6

Texte gründlich lesen 6
Weitere Informationen gewinnen 10
Zusammenhänge im Text erkennen 13
Informationen veranschaulichen 15

2 Sachorientiert schreiben   17

3 Der Unfallbericht   23

4 Der Veranstaltungsbericht   30

5 Wegbeschreibung und Gebäudebeschreibung   39

6 Gegenstands- und Vorgangsbeschreibung   50

7 Personenbeschreibung   60

Die Selbstdarstellung 60
Die Beschreibung der äußeren Erscheinung 62
Die charakterisierende Personenbeschreibung 65

8 Stellung nehmen   70

Behauptung – Meinung – Argument 70
Zusammenhängend begründen 79

VORWORT

Liebe Schülerin, lieber Schüler,

dieses Buch bietet dir Hilfen zu bestimmten Aufsatzformen an. Den Hauptteil nehmen dabei die Formen des Berichts und der Beschreibung ein. Oft hat man aufgrund von Krankheit, Schulwechsel oder anderen Ursachen besondere Schwierigkeiten bei bestimmten Aufsatzarten. Du solltest dann schwerpunktmäßig die Kapitel bearbeiten, die sich mit dieser Aufsatzform befassen. Hilfreich ist es jedoch, wenn du als Grundlage für alles Folgende die beiden ersten Kapitel mitberücksichtigst. Hier lernst du noch keine bestimmte Aufsatzart kennen, vielmehr wollen wir dich zunächst mit den Voraussetzungen bekannt machen, die notwendig sind, bevor man Berichte und Beschreibungen verfassen kann.

Viele schriftliche Äußerungen gründen auf Informationen, die man sich mit Hilfe verschiedener Methoden in der Regel aus Texten beschaffen muss. Deshalb beginnen wir den Band mit einem Kapitel zur Informationsbeschaffung. Nicht nur für das Aufsatzschreiben, sondern für jede Form der Textarbeit, die im Verlaufe deiner Schulzeit in allen Fächern immer breiteren Raum einnimmt, kann dir das hier Gelernte nützlich sein. Im zweiten Kapitel lernst du dann, welche Form der sprachlichen Darstellung zu Bericht und Beschreibung gehören. Genauso wie die beiden ersten Kapitel sich keiner bestimmten Aufsatzform widmen, hat auch das letzte Kapitel nicht eine Aufsatzform zum Thema. Vielmehr geht es auch hier um grundlegende Fähigkeiten, die du für eine Aufsatzform brauchst, die erst ab der 9. Klasse wichtig wird: die Erörterung. Dennoch sollst du jetzt schon mit Grundbegriffen und Grundfertigkeiten vertraut gemacht werden, damit dir der Start in der Aufsatzarbeit der nächsten Klassen gut gelingt!

Da du weitgehend ohne fremde Hilfe mit diesem Buch zurechtkommen sollst, haben wir uns bemüht, in ganz kleinen Schritten vorzugehen, dir viele Aufgaben zum Üben anzubieten und dir dafür auch Lösungen vorzuschlagen. Schau im Lösungsteil aber immer erst nach, wenn du selbst versucht hast, die Aufgabe zu bewältigen. Lass dich dann aber nicht entmutigen, wenn dir die von uns angebotene Lösung viel „perfekter" erscheint als deine eigene. Unser Vorschlag soll nur eine Orientierungshilfe sein, wie man es auch (vielleicht im besten Fall) machen kann. Wenn dein Ergebnis in die gleiche Richtung wie der Lösungsvorschlag geht, hast du Gutes geleistet. Der Lösungsteil kann dir später beim Wiederholen zum Nachschlagen von bereits Erarbeitetem dienen. Manchmal verweisen wir dich bei der Aufgabenstellung oder Lösung von Aufgaben auf die Lösungen bereits zurückliegender Aufgabe. Dann nutze diesen Tipp! Und verfalle nicht in den Fehler, dir zu viel vorzunehmen: jeden zweiten Tag eine begrenzte Zeit (ca. 30 Min.) zu üben bringt dich weiter als einmal in der Woche 2 Stunden.

Wir wünschen dir viel Erfolg!

1 Sich informieren

Dir fallen sicherlich alle möglichen Situationen ein, in denen du mit Informationen überhäuft wirst: die Nachrichtensendungen von Fernsehen und Radio, Zeitungsmeldungen und -berichte, Nachschlagewerke, zu denen du greifst, wenn du Genaueres wissen willst. **Wo** Informationen an dich herangetragen werden, weißt du – jedenfalls zum Teil. Was du in diesem Kapitel jedoch genauer erfahren sollst, ist, **wie** du aus verschiedenen Textarten die wichtigen Informationen entnehmen kannst.
Wir wollen dir einige Methoden vermitteln, mit deren Hilfe du Texte auf die in ihnen enthaltenen Informationen untersuchen kannst. Du wirst feststellen, dass Texte nicht nur Informationen über die Sache enthalten, über die sie etwas aussagen, sondern oft auch über den Schreiber und denjenigen, für den der Text bestimmt ist, den Leser.

Texte gründlich lesen

Bei dem ersten Text, den wir für dich ausgesucht haben, handelt es sich um die Rede eines Indianerhäuptlings. Ein solcher Häuptling ist sozusagen der Vorsitzende eines Stammes und seine Aufgabe besteht darin, das, was die Mitglieder seines Stammes empfinden und denken, was sie hoffen und tun wollen, vor anderen zum Ausdruck zu bringen. Er hat also den Stamm in allen wichtigen Dingen des Lebens zu „repräsentieren". Insofern muss er Eigenschaften haben, die ihn für diese Aufgabe auszeichnen: Tapferkeit und Klugheit, Besonnenheit und Redegewandtheit. Diese Eigenschaften mag auch jener Indianerhäuptling gehabt haben, dessen Rede du hier lesen kannst.
Der Kern seiner Rede ist, dass sein Volk aus dem ihm angestammten Land und den vertrauten Lebensformen vertrieben worden ist. Er nennt darin Einzelheiten von diesem Land, in dem er mit seinem Volk lebt, und führt die Folgen der Vertreibung an, die seinem Stamm daraus entstehen.
Offenbar ist diese Rede an Vertreter der Regierung gerichtet. Dem Redner geht es aber nicht nur darum, diesem Adressaten gegenüber den Sachverhalt zu schildern, sondern auch die Gefühle der betroffenen Indianer zu zeigen.

1 SICH INFORMIEREN
Texte gründlich lesen

Hiermit haben wir dir schon einige Informationen genannt. Versuche nun, mit Hilfe der folgenden Aufgaben am Text zu überprüfen, ob unsere Angaben zutreffend sind. Schau dir vorher den Merkkasten auf S. 8 an.

Doch ihr habt Dinge gesagt, die mir nicht gefallen. Sie sind nicht süß wie Zucker, sondern bitter wie Kürbis. Ihr habt gesagt, dass ihr uns in ein Reservat stecken und uns Häuser bauen wollt. Ich mag sie nicht. Ich bin in der Prärie geboren, wo der Wind frei weht und nichts das Licht der
5 Sonne verdunkelt. Wo ich geboren bin, gab es keine Zäune, und alles konnte frei atmen. Ich möchte hier sterben und nicht zwischen Mauern. Ich kenne jeden Fluss und jeden Wald zwischen dem Rio Grande und Arkansas. Ich habe überall in diesem Land gejagt und gelebt. Ich habe gelebt wie vor mir meine Väter, und wie sie habe ich glücklich gelebt.
10 Als ich in Washington war, sagte mir der große weiße Vater, dass alles Comanchenland uns gehört und dass uns niemand verwehren wird, darin zu leben. Warum also wollt ihr, dass wir die Flüsse und die Sonne und den Wind verlassen und in Häusern leben? Fordert nicht, dass wir die Büffel für die Schafe aufgeben sollen. Die jungen Männer haben
15 davon gehört und es hat sie traurig und wütend gemacht. Sprecht nicht mehr davon ... Wenn die Texaner nicht in mein Land gekommen wären, dann hätte es Frieden gegeben. Aber von dem, was ihr uns gelassen habt, können wir nicht leben. Die Texaner haben uns die Plätze weggenommen, wo das Gras am üppigsten wuchs und das Holz am besten war.
20 Hätten wir sie behalten, so hätten wir vielleicht getan, was ihr wollt. Aber jetzt ist es zu spät. Der weiße Mann hat das Land, das wir lieben, und wir wollen nur noch durch die Prärie ziehen, bis wir sterben.
                                                                       Ten Bears

---

AUFGABE 1
Welche Texthinweise lassen annehmen, dass es sich um einen Indianerhäuptling handelt?
Unterstreiche die Textstellen, die dir einen deutlichen Hinweis geben.

AUFGABE 2
Markiere die Textstellen, die den Kern seiner Rede deutlich erkennen lassen.
Sieh dir dazu noch einmal unsere Zusammenfassung auf S. 8 an.

AUFGABE 3

Welche Texthinweise lassen vermuten, dass es sich bei den Adressaten um amerikanische Regierungsvertreter handelt? Kennzeichne die Hinweise.

AUFGABE 4

Gib einige Äußerungen wieder, die die Gefühle der Betroffenen angesichts der dramatischen Veränderungen in ihrem Leben deutlich machen.

AUFGABE 5

Schreibe alle Textstellen heraus, die zeigen, was ihm an dem Leben in der Prärie besonders wichtig ist.
Suche mit Hilfe der Angaben im Text auf der Karte auf S. 9, wo der Häuptling gelebt hat. Du kannst dir dann besser vorstellen, wo sich die Ereignisse abgespielt haben.

AUFGABE 6

Formuliere abschließend in ganzen Sätzen, welche Folgen der Häuptling für das Verhalten seines Volkes voraussieht.
Gib dabei die Textzeilen an, auf die du deine Überlegungen stützt.

> Da du die unterschiedlichen Informationen eines Textes kennzeichnen musst, um sie weiterverarbeiten zu können, brauchst du:
>
> – Textmarker (in verschiedenen Farben; dabei musst du vorher festlegen, für welche Information du die jeweilige Farbe verwendest)
>   oder
>
> – einen Bleistift und ein Lineal (bei dessen Benutzung musst du unterschiedliche Markierungsmethoden verwenden, z. B.
>   _____, -------, ...)

1 SICH INFORMIEREN
Texte gründlich lesen

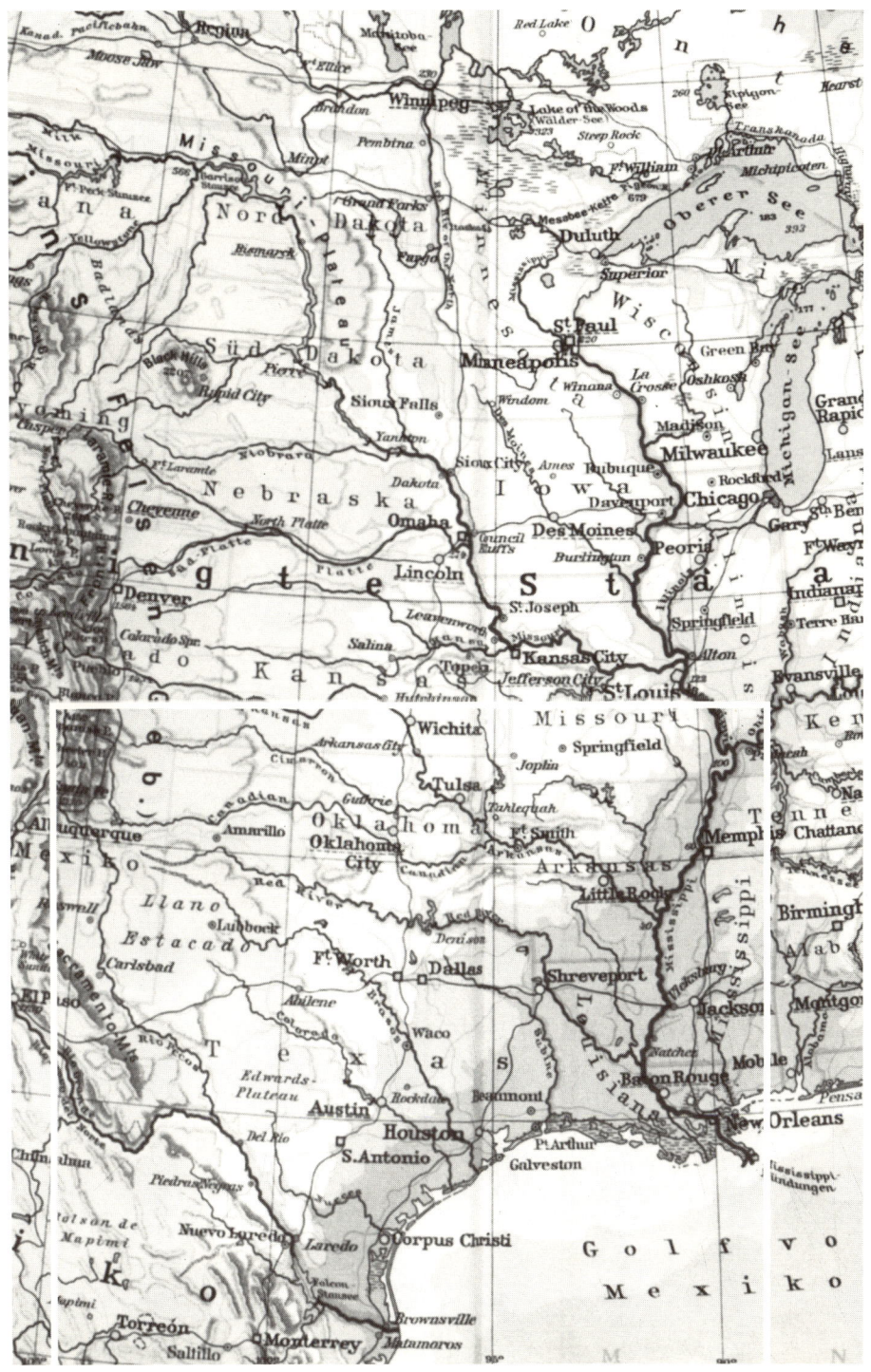

Wir haben dir Hinweise zur Erschließung des Textes gegeben, die du so oder ähnlich schon aus dem Aufsatzunterricht kennst.

Die sogenannten W-Fragen, die du leicht in unseren Fragestellungen erkennen kannst, sind besonders geeignet, die Informationen eines Textes zu erarbeiten. Die wichtigsten stellen wir hier für dich zusammen. Sie sprechen nur übergeordnete Bereiche an und müssen u. U. noch verfeinert werden. Vgl. dazu Aufgabe 1 auf S. 19.

W-Fragen
- Wer äußert sich im Text? (Frage nach dem Verfasser)
- Worüber äußert er sich? (Frage nach dem Inhalt)
- Wie äußert er sich? (Frage nach der sprachlichen Form)
- Wem gegenüber äußert er sich? (Frage nach dem Adressaten)
- Mit welcher Absicht äußert er sich? (Frage nach der Intention [= Absicht])

Weitere Informationen gewinnen

Die Rede des Häuptlings „Ten Bears" kannst du erst richtig verstehen, wenn du weitere Informationen über die Indianer, ihre Geschichte und Lebensweise kennst. Um solche Informationen zu erlangen, kannst du verschiedenartige Nachschlagewerke benutzen (z. B. Sachbücher, Lexika, Biografien, Lehrbücher, Atlanten usw.). Wir haben für dich Texte aus einem Sachbuch und aus einem Lexikon ausgewählt.

Du wirst ohne größere Schwierigkeiten erkennen, welcher Text aus dem Sachbuch stammt und welcher aus dem Lexikon.

AUFGABE 7

a) Beschreibe, worin sich die beiden Texte unterscheiden.

b) Erkennst du auch Gemeinsamkeiten? Benenne sie. (Du kannst dazu eine Stichwortsammlung anlegen!)

SICH INFORMIEREN
Weitere Informationen gewinnen

Indianer, span. *Indios* ["Bewohner *Indiens*, nach der irrigen Meinung des *Kolumbus*], *Rothäute* [nach ihrer Kriegsbemalung], die Ureinwohner Amerikas (mit Ausnahme der Eskimo). Die Zahl der I. belief sich in vorkolumbian. Zeit auf rd. 25 Mill., sank durch Kämpfe, systemat. Ausrottung, eingeschleppte Krankheiten, wirtschaftl. u. soziale Schwierigkeiten u. Mischung mit Europäern rapide ab u. hat erst heute einschl. der Mischlinge diesen Stand annähernd wieder erreicht (in den USA 950 000, in Kanada 250 000, der Großteil in Lateinamerika). Viele Stämme sind seit der Entdeckungszeit erloschen oder haben ihre Stammeskultur eingebüßt. Auf den Westind. Inseln wurden die I. ausgerottet u. durch Neger (früher als Sklaven eingeführt) „ersetzt". Durch Schutzmaßnahmen konnten die I. sich in einigen Gebieten zahlenmäßig in den letzten Jahrzehnten etwas erholen. In den meisten mittelamerikan. u. in den Andenstaaten Südamerikas spielen sie bzw. ihre Mischlinge aber auch polit. eine wichtige Rolle. In ihrer Kultur völlig unbeeinflusste Stämme finden sich kaum mehr, wohl noch nicht einmal in den Urwaldgebieten Amazoniens. Trotzdem hat sich erstaunlich viel altindianisches Kulturgut (Mythen, Märchen, Brauchtum) selbst in erschlossenen Gebieten erhalten.
Die I. gelten als Einwanderer aus Asien, die seit 40 000 v. Chr. als Großwildjäger über eine eiszeitliche Landbrücke (Beringstraße) in mehreren Schüben nach Amerika gekommen sind. (…)

Nordamerika: Im subarkt. Gebiet der Wälder u. Waldtundren, anschließend an die Eskimostämme der Küsten, leben die *Kanadischen Jäger* mit den Stämmen der *Algonkin* u. *Athapasken*. An der pazif. Küste (von Nordkalifornien bis ins südöstl. Alaska) fand sich die auf den Fischfang gegründete Kultur der *Nordwestküsten-I.* (mit Totempfahl, Holzschnitzerei, Flecht- u. Webarbeiten), heute nur noch in Resten vorhanden. Auf den Hochebenen zwischen den Ketten der Kordilleren jagten u. sammelten Stämme der *Salish* u. *Shahaptin* mit einer Kultur (Korbflechter), die der der Stämme im Großen Becken u. der *Kalifornischen I.* glich.
Im O, vor den Rocky Mountains, schloss sich die Zone der *Prärie-I.* an, die durch Übernahme des Pferdes zu Reiterstämmen wurden. Entlang des Missouri–Mississippi findet sich ein Gebiet von Maispflanzern *(Mandan, Osage, Caddo)*, denen im NO (zwischen den Großen Seen u. dem Atlant. Ozean, südl. von den Jägern des kanad. Waldlands) die Anbau (Mais) treibenden *Irokesenstämme* u. im SO die *Muskhogee* u. *Cherokee* benachbart sind. Die gleichfalls Anbau treibenden Stämme der *sonorischen Völker* leiten bereits zu den Kulturvölkern Mittelamerikas über. Von Kalifornien an südwärts erstreckt sich die Durchsetzung indianischer mit spanischer Kultur.

11

Cheyenne, Arapaho, Kiowa, Sioux, Comanchen, Blackfoot: das sind einige der Stämme, die in den Prärien Nordamerikas leben. Es sind Stämme, die meist umherziehen und als Jäger den großen Bisonherden folgen. Die Bisonjagd bestimmt ihren ganzen Alltag. Um 1700 gibt es in Nordamerika etwa 60 Millionen Bisons.
In den weiten Ebenen Nordamerikas leben damals in großen Herden die Bisons – das sind große Büffel, die fast 1000 Kilogramm schwer sind. Bevor sie auf die Jagd gehen, tanzen die Männer, um den „Herrn der Bisons" gnädig zu stimmen. Mit Pfeil und Bogen, mit Speeren und später auch mit Gewehren bewaffnet, reiten die Indianer mitten in die Herden hinein und schießen aus nächster Nähe auf die Bisons.
Nicht alle Prärieindianer leben in Tipis – manche Stämme bewohnen Erd- oder Grashütten. Ein Tipi ist schnell aufgebaut: man stellt einige Stangen zu einem Kreis zusammen und bedeckt sie mit Bisonhäuten.
Die Squaws, die Indianerfrauen, haben viel handwerkliches Geschick: sie bearbeiten Häute, trocknen Fleisch, weben Decken und verzieren Mokassins. Bei den meisten Stämmen werden diese Arbeiten ausschließlich von den Squaws verrichtet.
Im Indianerdorf bestimmen die Frauen den Ablauf des täglichen Lebens. Sie kümmern sich um das Essen, die Kleidung und den Auf- und Abbau der Tipis. Die kleinen Mädchen bleiben im Dorf, wo sie spielend lernen, der Mutter zu helfen. Die Jungen dagegen üben sich im Rennen und im Bogenschießen. Sie warten auf den großen Tag, an dem ihnen der Vater ein Fohlen gibt und sie mit auf die Jagd nimmt. Die Tätigkeiten der Frauen sind also eher auf das Dorf beschränkt. Die Männer dagegen gehen auf die Jagd – und sind auch Krieger.

1 SICH INFORMIEREN
Zusammenhänge im Text erkennen

Zusammenhänge im Text erkennen

Mit Hilfe der W-Fragen kannst du dem Text wichtige Informationen entnehmen, du erfährst dabei aber noch nichts darüber, wie der Text aufgebaut ist, in welcher gedanklichen Abfolge der Verfasser dem Leser die Informationen darbietet. Im nächsten Arbeitsschritt musst du dich also über die Ermittlung der Informationen eines Textes hinaus mit deren Aufbau beschäftigen.

Vielleicht kannst du nicht unmittelbar erkennen, warum der Aufbau eines Textes (die Reihenfolge der Informationen) so wichtig ist. Wir wollen dir das an einem Beispiel aus dem sprachlichen Bereich veranschaulichen:

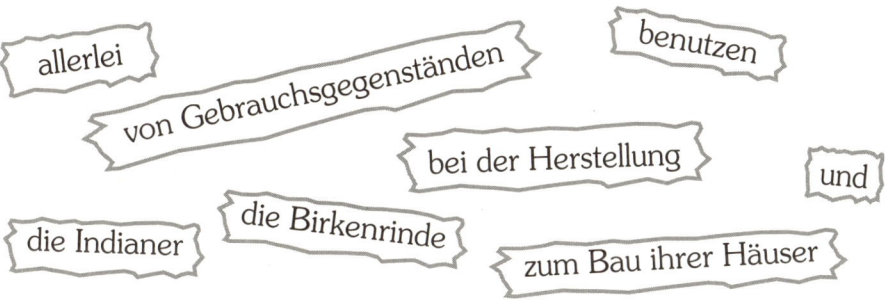

Hier sind die einzelnen Informationen des Satzes „Die Indianer benutzen die Birkenrinde zum Bau ihrer Häuser und bei der Herstellung von allerlei Gebrauchsgegenständen" ohne erkennbare Ordnung dargeboten.

In unserem Beispiel werden die einzelnen Informationen erst dann zu einer verständlichen Aussage, wenn sie entsprechend der deutschen Grammatik in die richtige Reihenfolge gebracht werden. Ein Text wird ebenfalls erst dann für den Leser voll verständlich, wenn ein sinnvoller Aufbau erkennbar ist, d. h., wenn der Leser die Anordnung (Reihenfolge) der Informationen nachvollziehen kann.

Anhand des Sachbuchtextes sollst du dich nun näher damit beschäftigen, wie die Informationen, die dir vermittelt werden sollen, aufgebaut sind.

AUFGABE 8

a) Mache durch farbliche Markierungen am Rande deutlich, welche Informationen inhaltlich zu einem Gegenstandsbereich zusammengefasst werden können.

b) Formuliere Überschriften zu den Gegenstandsbereichen.

Zum Thema Indianer sind eine Unmenge von Gegenstandsbereichen denkbar (z. B. Stämme, Sprachen, Sitten, Jagdreviere, Indianerkriege usw.). Der Verfasser des von dir bearbeiteten Textes hat bestimmte ausgewählt. Er hat sich dabei nicht nur von seinen *eigenen* Interessen und Kenntnissen leiten lassen, sondern ist vor allem von den **vermuteten Interessen und Verständnismöglichkeiten seiner Leser** ausgegangen. Er wird sich also gefragt haben:

– Was möchte der Leser, für den ich schreibe, wissen?
– Wie genau will er es wissen?
– In welcher Reihenfolge muss ich die Informationen anordnen, damit der Leser sie versteht?
– Welche sprachlichen Darstellungsformen muss ich wählen, damit der Leser meinen Text interessant findet?

Bei den folgenden Aufgaben kannst du prüfen, ob der Verfasser des Sachbuchtextes bei seiner Darstellung diese Fragen berücksichtigt hat.

AUFGABE 9 Du hast in dem Lexikonartikel erfahren, dass es noch andere Indianerstämme gibt. Lies dir den Text aus dem Sachbuch noch einmal durch und überlege dann, warum der Verfasser nur die angegebenen Stämme ausgewählt hat.

AUFGABE 10 Welche Gegenstandsbereiche behandelt der Verfasser des Sachbuchtextes? Wie hängen die einzelnen Gegenstandsbereiche zusammen?

Du hast bei der letzten Übung herausgefunden, dass der Verfasser die Gegenstandsbereiche in einer bestimmten Reihenfolge anordnet, um dem Leser das Verständnis zu erleichtern. Das gelingt dann, wenn der Leser einen sinnvollen Zusammenhang erkennen kann. Insofern sind die einfach nur aufgezählten und noch nicht geordneten Bereiche mit unserem Beispiel aus der Grammatik vergleichbar. Auch dort geht es ja um Teile eines Ganzen, die, ohne geordnet zu sein, nicht verständlich sind.
Wie einzelne Sätze erst durch die Anordnung ihrer Satzglieder einen Sinn erhalten, so entsteht der innere Zusammenhang eines Textes erst durch die gelungene Anordnung der Gegenstandsbereiche. Diesen inneren Zusammenhang kann der Verfasser herstellen, indem er überlegt, welchen Gegenstandsbereich er an den soeben beschriebenen sinnvoll anschließen kann. Das lässt sich an unserem Beispieltext auf S. 12 gut zeigen.

1 SICH INFORMIEREN
Informationen veranschaulichen

Der Verfasser benennt die Bedeutung der Bisonjagd für den Alltag der Indianer. Da wir heutigen Leser aber nur noch sehr wenig oder vielleicht gar nichts über den Bison wissen, informiert er uns zunächst über dieses Tier. Dann erst berichtet er über Jagdgewohnheiten, um uns im Anschluss daran – ausgehend von der Verwendung der bei der Jagd erbeuteten Bisonhäute – Einblick in das Wohnen und Leben der Indianer zu geben. Du erkennst, dass Texte **sachlogisch** aufgebaut sind.
Daran musst du später auch bei der Herstellung deiner eigenen informativen Texte denken.

Informationen veranschaulichen

Nachdem du dich mit dem Aufbau eines Textes befasst hast, sollst du dich nun der sprachlichen Darstellung zuwenden. Die Frage, die sich der Verfasser von Texten dazu stellen muss, haben wir dir bereits genannt. Sie lautete: „Welche sprachlichen Darstellungsformen muss ich wählen, damit der Leser meinen Text interessant findet?"
Interessant findet ein Leser den Text u. a. dann, wenn er sich vorstellen kann, wovon die Rede ist. Es geht also in den folgenden Aufgaben um die **Anschaulichkeit**.

Ein kurzer Vergleich zwischen Lexikonartikel und Sachbuchtext zeigt dir, wie kurze Informationen anschaulicher werden können.
Im Sachbuchtext wird eine Information durch zusätzliche Hinweise verdeutlicht.

Der Rote Mann
Die Weißen haben den Begriff „Rothäute" erfunden. Wie sie darauf kamen, kann heute nicht mehr mit Sicherheit gesagt werden. Hier einige mögliche Erklärungen: Im Vergleich zu ihrer eigenen Hautfarbe schien den Weißen die Haut der Indianer eher rötlich zu sein. Oder: Der Begriff kommt von der oft roten Kriegsbemalung der Indianer. Oder: Die Weißen kamen von Osten, also aus der Himmelsrichtung der aufgehenden Sonne. Als sie den Weißen begegneten, blickten die Indianer also in die Sonne, deren Strahlen ihre Haut rötlich färbte …

Rothäute
[nach ihrer Kriegsbemalung]

AUFGABE 11 Welche zusätzlichen Hinweise gibt der Sachbuchtext? Unterstreiche.

Eine andere Möglichkeit, Informationen anschaulicher zu gestalten, siehst du in folgendem Beispiel:

Die Zahl der Indianer sank durch Kämpfe.	In blutigen Gemetzeln nahmen die Indianer Rache an den weißen Eindringlingen, die wiederum ebenso erbarmungslos mit den Indianern umgingen.

AUFGABE 12 Durch welche Wörter wird die knappe Information des Lexikonartikels im Sachbuchtext veranschaulicht?
Benenne die Wortart und bestimme ihre Rolle im Satz (Satzgliedbezeichnung).

AUFGABE 13 Warum haben wir dich zunächst so viel an und mit Texten arbeiten lassen, wo du doch eigentlich lernen sollst, selbst informierende Texte zu schreiben?

1. Mit Hilfe der W-Fragen lassen sich die Informationen eines Textes erschließen. (Siehe Hinweise auf S. 10.)

2. Sind mir Sachverhalte noch nicht klar geworden, kann ich sie mit Hilfe von Nachschlagewerken ergänzen.

3. Wenn ich den Informationsgehalt eines Textes erfassen will, muss ich die Zusammenhänge der Aussagen erkennen, d. h. ich muss den Aufbau ermitteln. Dazu untersuche ich die Verknüpfung (Abfolge) der Gegenstandsbereiche.

4. Die Informationen müssen anschaulich dargestellt werden, damit sich der Leser dafür interessiert. Anschaulichkeit gewinnt ein Text
   a) durch zusätzliche, sachdienliche Hinweise, die über knappe Angaben hinaus die Sachgegenstände verdeutlichen,
   b) durch die Verwendung treffender Ausdrücke (treffende Verben, anschauliche Attribute, adverbiale Bestimmungen usw.).

Sachorientiert schreiben

Die Informationen zum Thema Indianer werden dir und auch vielen anderen Menschen, die sich nur ein wenig mit der Geschichte der Indianervölker beschäftigen, nicht nur Kenntnisse vermitteln: Kenntnisse über Bräuche und Lebensgewohnheiten der Indianer, über Herkunft, Kämpfe und Untergang so vieler Indianerstämme.

Neben diesen Sachinformationen ruft gerade dieses Thema auch Gefühle hervor, die dann die Einstellung, die man zu dem Thema hat oder gewinnen will, sicherlich mitbestimmen. So schreiben etwa die Herausgeber des Bandes „Indianer" aus der Sachbuchreihe WAS IST WAS über die Geschichte der Indianer Nordamerikas folgendes:
„Es ist eine dramatische, ja tragische Geschichte, die das Glück, die Kämpfe und die Leiden dieser Menschen darstellt. Durch das Eindringen des weißen Mannes wurden die eigenständige Welt der Indianer, ihre Freiheit und Kultur gestört, verändert und schließlich unwiderruflich vernichtet."

Genauso deutlich wie die Verfasser in diesen Aussagen Informationen geben (die Vernichtung der eigenständigen indianischen Lebenswelt wird genannt), genauso deutlich bringen sie auch ihre emotionale Betroffenheit darüber zum Ausdruck: So nennen sie die Geschichte „dramatisch" und „tragisch" und sprechen mit dem Ton der Resignation von der „unwiderruflich" vernichteten Welt der Indianer. Hierin wird ihre Einstellung sichtbar. Vielleicht war es diese Einstellung, die die Verfasser veranlasst hat, über die Indianer Nordamerikas ein Sachbuch zu schreiben und zu veröffentlichen.
An dieser kurzen Einleitung wirst du bereits bemerkt haben, worum es im Folgenden gehen wird.

Es geht um Texte, die die persönliche Einstellung des Verfassers erkennen lassen; daneben stehen dann Texte, die weitgehend oder auch ganz auf eine solche persönliche Einstellung verzichten, die also sachlich orientiert oder sogar rein sachlich sind. Nur die letzten Darstellungsformen sind wir gewohnt, **Berichte** zu nennen. Solche Berichte stehen im Mittelpunkt der beiden folgenden Kapitel.

Anhand der ausgesuchten Texte sollst du zunächst die Unterschiede zwischen den beiden Darstellungsformen erkennen und die beobachteten Unterschiede auch benennen und erklären.

Zunächst greifen wir auf einen Text zurück, den du bereits kennst. Es ist die Rede des Indianerhäuptlings Ten Bears (vgl. S. 7). Du hast sie in verschiedenen Arbeitsschritten bearbeitet und weißt, worum es in dieser Rede geht: Der Häuptling schildert darin, dass sein Volk aus seinem Land vertrieben wurde und dabei seine vertrauten Lebensformen aufgeben musste. Die Vertreibung ist bei den betroffenen Indianern mit Entbehrung, Schmerz und Trauer verbunden, mit Gefühlen, die in der Rede des Indianerhäuptlings deutlich zum Ausdruck kommen.

Der zweite Text hat ein ähnliches Thema zum Gegenstand. Auch hier wird das Eindringen des weißen Mannes in den Westen Nordamerikas erwähnt, auch hier sind die Folgen und Wirkungen dieses Eindringens für die Indianer dargestellt. Der Text ist dem Band „Indianer" aus der Sachbuchreihe WAS IST WAS entnommen.

Wie kamen die ersten Weißen mit den Indianern zurecht?

Die ersten weißen Pioniere, die sich in das weite Land der Indianer jenseits des Mississippi wagten, waren Jäger und Fallensteller, die man als Waldläufer bezeichnete. Die Gebirge im Westen wimmelten von zahllosen Pelztieren und in den Städten des Ostens waren Felle sehr gefragt. Meistens kamen diese Waldläufer gut mit den Indianern aus. Viele lebten mit den Stämmen zusammen, heirateten Indianerfrauen und nahmen deren Sitten an. Sie bildeten keine Gefahr für die Lebensweise des Stammes, und in den meisten Fällen ließen die Indianer sie in Frieden jagen und Fallen stellen. Aber in den zwei Jahrzehnten vor dem Sezessionskrieg (1861–1865), in dem sowohl Kalifornien als auch Oregon Staaten der Union wurden, begann sich eine wahre Flut von Einwanderern in den Westen zu ergießen. Ein Teil strebte zu den Goldfeldern Kaliforniens, der andere Teil zu dem reichen Ackerland im Willamette-Tal in Oregon. Die baumlosen Grassteppen der Prärie waren als das „Große Becken" bekannt. Zu jener Zeit hielt man sie für die Ansiedlung von Weißen für ungeeignet und die Einwanderer beeilten sich, die Prärie hinter sich zu lassen. Die Indianer verübelten den Einwanderern das Eindringen in das Land, das die Regierung in Washington ausschließlich ihnen zugesprochen hatte; doch ließen sie sie anfangs passieren. Dann kamen die Einwanderer aber in solchen Massen, dass die Bisons nicht mehr auf den gewohnten Pfaden über die Prärie ziehen konnten und die geheiligten Jagdgründe der Indianer zerstört wurden. Das führte zu vereinzelten Kämpfen, bei denen auch viele Weiße getötet wurden. Die Armee der Vereinigten Staaten errichtete nun eine Reihe von schützenden Forts (militärische Stützpunkte) quer durch das Land der Indianer. Diese sahen das als offenen Bruch ihrer Verträge mit der Regierung an. Aus den vereinzelten Kämpfen wurde ein alles vernichtender Krieg.

2 SACHORIENTIERT SCHREIBEN
Sachlich informieren

AUFGABE 1

Lies den Sachbuchtext (S. 18) und die Häuptlingsrede (vgl. S. 7) im Vergleich. Um die Unterschiede in der Darstellungsform zu erarbeiten, ist es nötig, als Erstes die Informationen zu sammeln, die dir in dem Sachbuchtext vermittelt werden. Ermittle sie mit Hilfe von W-Fragen.
Lege dabei eine Tabelle an, in der du den einzelnen W-Fragen die jeweils entsprechenden Antworten gegenüberstellst.

W-Fragen	Antworten
1. Welcher Tätigkeit gingen die ersten weißen Pioniere nach, die in das Land der Indianer kamen?	Sie waren Jäger und Fallensteller.
2. Wie nannte man sie?	...
...	...

Während der Erarbeitung der Informationen, die der Sachbuchtext vermittelt, sind dir sicherlich schon Unterschiede zu der Rede des Häuptlings aufgefallen. Das können vor allem Unterschiede im Bereich des Inhalts sein. Achte aber auch auf Unterschiede in der Darstellungsform, und zwar zwischen der persönlich gefärbten Darstellung der Rede und der sachlich orientierten Darstellung des Sachbuchtextes.

AUFGABE 2

Halte die Unterschiede in einer Tabelle fest.

	Sachbuchtext	Rede
a) Welche **Personen** werden genannt Welche **Fakten** kommen vor?		
b) Welche **Informationsmenge** wird geboten? Mehr Details, mehr größere Zusammenhänge?		
c) Wie ist die **Sichtweise** des Verfassers? (Welche Perspektive nimmt er ein?)		
d) Welche **Ausdrücke** benutzt der Verfasser? (Was ist zur Wortwahl zu sagen?)		

AUFGABE 3

Versuche, die Unterschiede zwischen beiden Darstellungsformen zu erklären. Beachte die jeweils unterschiedliche Zielsetzung der Verfasser.

In dem Sachbuchtext geht es zwar um die Vermittlung von Tatsachen; aber auch hier findest du sprachliche Merkmale, die die persönliche Meinung des Verfassers widerspiegeln (so vergleicht er z. B. die Einwanderungsbewegung mit der Macht gewaltsamer Wassermengen: „…eine wahre Flut… zu ergießen"). Im Gegensatz zur reinen Berichtform wollen wir deshalb von einer sachlich orientierten Darstellungsform sprechen.

AUFGABE 4

Kannst du erklären, wieso sich der Verfasser des Sachbuchtextes neben den rein sachdienlichen Informationen zusätzlich um Anschaulichkeit bemüht?

Bei der Vermittlung von Informationen können wir zwei Darstellungsformen unterscheiden:

1. Bei einer vorwiegend persönlichen Darstellungsform werden zwar Informationen vermittelt; davon zu trennen sind aber nicht die sie begleitenden Gedanken, Gefühle und Stimmungen des Verfassers.
   - Texte der persönlichen Darstellungsform sind von einer subjektiven Perspektive gekennzeichnet.
     Dem Verfasser kommt es nicht nur darauf an, die Fakten zu benennen. Sein Ziel ist es, dem Leser zu zeigen, dass ihn die dargestellten Tatsachen persönlich betreffen, und beim Leser zu erreichen, dass dieser die Betroffenheit nachempfindet und die Sichtweise des Verfassers verstehen kann.
   - Der Stil der persönlichen Darstellungsform ist dem Erzählstil ähnlich: Häufiger Verb- und Adjektivgebrauch sowie bildhafte Ausdrücke dienen der Anschaulichkeit und der Lebhaftigkeit der Darstellung.

2. Bei der sachlich orientierten Darstellungsform kommt es allein auf die Vermittlung von Fakten, Tatsachen und Ereignissen an.
   - Persönliche Gefühle und Stimmungen werden ausgeklammert.
     Die Perspektive ist an den Tatsachen orientiert, nicht am persönlichen Empfinden oder an der Einstellung des Verfassers.

2 SACHORIENTIERT SCHRIEBEN
Sachlich informieren

> • Das Ziel ist insofern eine (weitgehend) sachdienliche und wahrheitsgetreue Vermittlung von Informationen. Der Verfasser möchte, dass der Leser ein objektives Bild von den Tatsachen erhält. Sprachliche Ausdrücke sind insofern nüchtern und sachlich.

AUFGABE 5

Entscheide, ob es sich bei den folgenden Textauszügen jeweils um eine persönlich geprägte oder sachlich orientierte Darstellungsform handelt. Kennzeichne entsprechend.

Textauszüge	Darstellungsform persönlich	sachlich
a) Leute, die in den Westen zogen, hatten das alte, enge Europa hinter sich geworfen, weil sie hofften, im Wilden Westen das zu finden, was sie Freiheit nannten, was aber in Wirklichkeit nichts anderes war als Gewalt und Unordnung. „Gold und Gewinn!" hatten sie auf ihre Fahnen geschrieben; dies Ziel zu erreichen, scheuten sie keine Gemeinheit, keinen Mord.		
b) Sitting Bull erkannte, dass sein Sieg über Custer ein nutzloser Sieg für ihn war.		
c) Der Große Geist zeigte mir, dass der weiße Mann vernichtet würde und die Indianer ihr Land zurückbekommen und die Büffel in der Prärie wieder so zahlreich sein würden wie die Sterne auf der Straße der Geister.		
d) Der Geistertanz gehörte zu einem Zauberkult, der den weißen Mann vernichten, die Indianer in ihr Stammesland zurückbringen und die Prärie wieder mit Büffeln beleben sollte.		
e) Die Indianer nannten die Milchstraße „Straße der Geister".		
f) Ich kann sehen, dass noch etwas anderes dort in dem blutigen Schlamm starb und vom Schnee begraben wurde. Eines Volkes Traum ist dort gestorben. Es war ein schöner Traum …		
g) Am 29. Dezember 1890 bricht das Massaker von Wounded Knee den letzten Widerstand. Fast dreihundert wehrlose Indianer, vor allem Frauen und Kinder, werden von den Weißen getötet.		

Textauszüge	Darstellungsform	
	persönlich	sachlich
h) In Rotten, in Haufen, in Massen, in Heeren donnern die schwarzen, zottigen Tiere vor uns her. Vierzig Stunden nacheinander haben wir sie oftmals vor Augen gehabt, Tausende auf Tausende, eine unzählbare Masse.		
i) Im Jahr 1890 gab es fast keine Büffel mehr in den Prärien. Alle Indianerstämme des Westens waren in Reservate eingeschlossen.		
j) Nach sehr beschwerlicher Reise, aber ohne Auseinandersetzung mit Indianern, erreichten wir am 28. September glücklich Fort Union.		

Der Unfallbericht

Es gibt Ereignisse, die einem widerfahren, an denen man aktiv beteiligt ist oder die man nur passiv (z. B. als Zuschauer) miterlebt, über die man Freunden, Eltern, Mitschülern hinterher aufgeregt erzählt: Das kann ein Unfall sein, ein Einbruch, eine Rauferei mit Folgen usw. Diese Ereignisse und deren Folgen kann man nicht einfach als geschehen auf sich beruhen lassen, in der Regel haben die Betroffenen ein Interesse daran, dass die Vorgänge aufgeklärt werden und eventuell Schuldige gefunden und für den möglichen Schaden haftbar gemacht werden.

Grundlage für die Aufklärung eines Vorfalles ist der sachliche Bericht dieses Ereignisses, den Betroffene und Zeugen geben müssen. Am Beispiel des **Unfallberichtes** wollen wir dir zeigen, welchen Anforderungen diese sachliche Darstellungsform entsprechen muss.

Köln, den 6. April 1997

Sehr geehrte Frau Weber,

vorgestern hat sich Jens im Sportunterricht den rechten Daumen verstaucht. Wir haben seinen Beschwerden zunächst keine Bedeutung beigemessen, aber gestern mussten wir doch einen Arzt aufsuchen, der die Verletzung feststellte.

Bitte teilen Sie dies dem Sportlehrer mit, damit er eine Unfallmeldung macht.

Mit freundlichen Grüßen
K. u. M. Richter

AUFGABE 1
Die Klassenlehrerin von Jens bekam diesen Brief der Eltern.
a) Was kann sie daraus über das Ereignis entnehmen?
b) Was bleibt für sie unklar?

AUFGABE 2
Warum schreiben die Eltern den Brief? Schreibe deine Vermutung auf.

AUFGABE 3

Die Lehrerin möchte von Jens Genaueres wissen. Sie fragt ihn: „Jens, wobei hast du dir denn den Daumen verstaucht?"
Kannst du eine Liste mit Fragen anlegen, die Frau Weber an Jens richtet? Denke an die W-Fragen. Sie helfen dir auch hier weiter.

Unfallanzeige für Kinder in Kindergärten, Schüler, Studierende

Name und Anschrift der Einrichtung (Kindergarten, Schule, Hochschule):
Heine-Gymnasium, Domstr. 9, 50668 Köln

Art der Einrichtung: □ □
Träger der Einrichtung: Stadt Köln

Familienname und Vorname des Verletzten: Richter, Jens
geboren am: 27.10.84
Geschlecht: ☒ männl. □ weibl.*
Staatsangehörigkeit: deutsch

Anschrift des Verletzten (Postleitzahl, Wohnort, Wohnung):
51063 Köln, Uferstr. 39
ledig: □ Ja □ Nein* **Kinder:** □ Ja □ Nein*

Name und Anschrift des gesetzlichen Vertreters:
Kurt u. Maria Richter, Uferstr. 39, 51063 Köln

Krankenkasse des Verletzten: Kölner Krankenversicherung
pflicht- □ freiwillig- □ familien- ☒ privat-versichert* □

Wochentag: Mittwoch **Datum:** 4.4. **Jahr:** 1997 **Uhrzeit des Unfalls:** 11 Uhr
Tätigkeit am Unfalltag — Beginn: 7:45 Uhr Ende: 13:05 Uhr

Verletzte Körperteile: rechter Daumen

Art der Verletzungen: Verstauchung
Ist der Verletzte tot? □ Ja □ Nein*

Zuerst behandelnder Arzt: zunächst nicht behandelt
Jetzt behandelnder Arzt oder Zahnarzt: Dr. J. Möller, Jahnstr. 4, 50676 Köln

Krankenhaus, in das der Verletzte aufgenommen wurde:

Unfallstelle (bei Wegeunfällen genaue Ortsangabe):
Turnhalle des Heine-Gymnasiums

Unfallhergang:
Unfall während des Volleyballspiels im Sportunterricht:
Jens Richter versuchte einen Schmetterball der gegnerischen Mannschaft zu blocken. Dabei traf der Ball den rechten Daumen des Schülers so unglücklich, dass er sich diesen verstauchte.

(wenn erforderlich, auf der Rückseite oder auf einem gesondertem Blatt fortfahren)

Zeugen des Unfalls: Andreas Holz, Ringstr. 17, 51067 Köln

Hat der Verletzte wegen des Unfalls den Besuch der o. a. Einrichtung unterbrochen?
Wenn ja, seit wann? ——— bis wann? ———

.... (Ort) .... (Datum) .... Kenntnis genommen .... Sicherheitsbeauftragter

3 DER UNFALLBERICHT
Sachdienliche Informationen sammeln

Der Sportlehrer hat inzwischen die Unfallmeldung (vgl. S. 24) erstattet. Dabei musste er Angaben machen, die weder im Brief der Eltern enthalten waren noch von der Klassenlehrerin erfragt wurden.

AUFGABE 4
Schreibe die bisher unbekannten Angaben heraus. Stelle jeweils eine W-Frage, auf welche diese Angaben die Antwort sind.

Wie du siehst, ist es Hauptziel der Unfallmeldung bzw. der Unfallanzeige, alle **sachdienlichen** Informationen sorgfältig zu sammeln und genau darzustellen. Auch der Direktor der Schule fordert den Sportlehrer auf, ihm einen Bericht über den Unfallhergang zu schreiben. Er will wissen, ob Herr Felder eventuell seine Aufsichtspflicht verletzt hat.

Während der Sportstunde am 4. April 1997 ereignete sich in der Turnhalle folgender Unfall, bei dem der Schüler Jens Richter, geb. am 27. Oktober 1984, sich den rechten Daumen verstauchte:
Nachdem die Schüler und Schülerinnen der Klasse sich mit viel Lärm umgekleidet hatten, begann ich den Unterricht mit einem Aufwärmtraining, weil wir anschließend Volleyball spielen wollten. Nach ca. 15 Minuten anstrengendem Circle-Training teilte ich zwei Mannschaften von je 6 Spielern ein. Die restlichen 6 Schüler und 2 Schülerinnen sollten im Laufe des Spiels eingewechselt werden. Gemeinsam bauten wir das Netz auf. Anschließend holte ich den Ball. Während meiner kurzen Abwesenheit war die Klasse sehr unruhig. Möglicherweise war sie mit der Einteilung nicht zufrieden. Dann begann das Spiel. Bei einer etwas zweifelhaften Schiedsrichterentscheidung begannen die Schüler, die auf der Bank saßen, zu toben. Ich wollte wieder Ruhe herstellen und wandte mich den Schülern auf der Bank zu. Dabei drehte ich den Spielern auf dem Spielfeld den Rücken zu. In dieser Spielphase ereignete sich der Unfall: Jens Richter versuchte einen Schmetterball abzuwehren. Dabei traf der Ball den Daumen so unglücklich, dass Jens sich diesen verstauchte. Da Jens ein tapferer Junge ist, informierte er mich weder während des Spiels noch nach Ende der Sportstunde über seine Verletzung. Deshalb konnte ich den Unfall erst nach der Mitteilung der Eltern an Frau Weber melden.

Horst Felder

AUFGABE 5

Frau Weber ist aufgefallen, dass der Direktor Rückfragen haben wird, weil Herr Felder Informationen in seinen Bericht aufgenommen hat, die er nicht selbst beobachtet haben kann. Markiere diese Textstellen.

Herr Felder hat in seinen Bericht neben sachdienlichen Angaben (Angaben, die zur Klärung des Sachverhaltes, hier auch der Schuldfrage, von Bedeutung sind) auch sachfremde Angaben (Angaben, die für die Aufklärung und Beurteilung des Sachverhaltes unwichtig sind) aufgenommen.

AUFGABE 6

a) Kennzeichne die sachfremden Informationen. Beachte dabei, welches Interesse der Direktor an dem Bericht hat und entscheide dementsprechend, welche Informationen sachfremd sind. (Achte darauf, nicht die gleiche Farbe oder Art der Kennzeichnung zu wählen wie in Aufgabe 5.)
b) Dem Direktor wird der Bericht an einigen Stellen nicht genau genug sein. Notiere auf einem Zettel W-Fragen, die der Direktor an den Rand des Textes schreiben könnte.

In Herrn Felders Unfallmeldung (vgl. S. 24) wird Jens' Mitschüler Andreas als Zeuge genannt. Er saß während des Vorfalls am Spielfeldrand und konnte daher den Vorgang gut beobachten.

AUFGABE 7

Schreibe einen Zeugenbericht aus seiner Sicht. Auch diesen Bericht soll der Direktor erhalten. Gehe dabei in folgenden Schritten vor:

a) Stelle die W-Fragen zusammen, mit deren Hilfe du alle wichtigen Informationen erhalten kannst, die zur Klärung des Sachverhaltes beitragen und die du als Zeuge haben kannst.
(In Aufgabe 3 und 4 solltest du auch schon W-Fragen finden. Greife ruhig darauf zurück und ergänze diese, bis du alle Informationen vollständig erfasst hast.) Formuliere jeweils die Antwort in Stichworten.
b) Zu welchen Fragen hast du noch keine Informationen erhalten? Du darfst sie nach eigener Vorstellung ergänzen.
c) Überlege, in welcher Abfolge du die Informationen in deinem Bericht am besten darbietest.
Schreibe eine Gliederung auf.
d) Fasse nun deinen Bericht in einem vollständigen Aufsatz schriftlich ab.

3 DER UNFALLBERICHT
Klare Darstellung der Reihenfolge

Sicher ist es dir bei der Abfassung deines Zeugenberichtes nicht ganz leicht gefallen, die zeitlichen Zusammenhänge und die Abfolge dessen, was in der Sportstunde alles passiert ist, sachlogisch richtig darzustellen.
Wenn jemand, der bei einem Unfall oder Ereignis selbst nicht dabei war, die Abläufe verstehen soll, ist die klare Darstellung der Reihenfolge wichtig. (Das hast du schon bei der Inhaltsangabe gelernt!) Das zeitliche Nacheinander erklärt oft auch Ursachen und Folgen eines Ereignisses. Sprachliche Mittel, diese Zusammenhänge deutlich zu machen, sind neben den genauen Zeitangaben vor allem die **Zeitadverbien** und **Konjunktionen**.
Schau dir dazu die Neufassung des Berichtes von Herrn Felder an.

```
Am Mittwoch, dem 4.4.1997, verletzte sich der Schüler
Jens Richter aus der Klasse 7a in der Sportstunde um
ca. 11 Uhr beim Volleyballspiel am rechten Daumen. Der
Unterricht fand in der Turnhalle statt.
Nach dem Umziehen und dem ungefähr 15-minütigen Aufwärm-
training bauten die Schüler/innen und ich gemeinsam
das Netz auf und ich holte den Ball aus dem Geräteraum.
Anschließend teilte ich zwei Mannschaften von je 6 Kin-
dern ein, die restlichen 8 Kinder der Klasse sollten
auf der Bank zuschauen. Ich wollte sie nach 10 Minuten
einwechseln. Die Aufgabe des Schiedsrichters übernahm
ich selbst. Bei einer Entscheidung, die ich als Schieds-
richter fällte, waren einige Schüler nicht einverstan-
den, insbesondere die Auswechselspieler begannen zu
toben. Weil ich sie zur Ruhe bringen wollte, wandte ich
mich vom Spiel ab und der Bank zu. Deshalb konnte ich im
Folgenden nicht beobachten, was sich im weiteren Verlauf
des Spiels, das ich nicht abgebrochen hatte, ereignete.
Als ich zum Spiel zurückkehrte, fiel mir nichts Beson-
deres auf. Auch nach dem Spiel konnte ich aus Jens'
Verhalten keine Anzeichen für eine Verletzung entnehmen.
Erst aus dem Brief der Eltern habe ich erfahren, dass
er sich den Daumen verstaucht haben muss. Bevor ich die
Unfallanzeige ausfüllte, befragte ich daher einige Schü-
ler, die während des Spiels auf der Bank saßen, nach
ihren Beobachtungen. Dabei stellte sich heraus, dass
der Schüler Andreas Holz das Geschehen besonders auf-
merksam verfolgt hatte. Weil seine Angaben sehr genau
waren, habe ich sie dann für die Schilderung des Unfall-
hergangs in der Unfallanzeige verwendet.
                                        Horst Felder
```

AUFGABE 8

a) Unterstreiche die Zeitadverbien, ebenso die Konjunktionen, die einen Adverbialsatz der Zeit (einen Nebensatz, der eine Zeitangabe macht) einleiten.

b) Kreise die Konjunktionen und Adverbien ein, die auf eine Ursache oder Folge verweisen.

Möglicherweise hast du erwartet, mehr Konjunktionen zu finden. Herr Felder hätte einige Ausführungen auch anders formulieren können.
Zum Beispiel statt: „Nach dem Umziehen ... bauten wir gemeinsam das Netz auf" hätte er schreiben können: „Nachdem sich die Kinder umgezogen hatten, bauten wir gemeinsam das Netz auf." (So ähnlich hatte er das in seinem ersten Bericht formuliert.)

AUFGABE 9

Suche weitere Beispiele aus dem Text und formuliere sie um. Was fällt dir auf?

Wenn man Informationen durch Substantive (Nomen), eventuell mit Attribut, wiedergibt, anstatt sie mit Hilfe eines Gliedsatzes darzustellen, entsteht der **Nominalstil**. Er entspricht dem sachlichen Stil nüchterner Aussagen. Du findest ihn oft in Sachberichten, zu denen der Unfallbericht gehört.
Zum Abschluss der Übungen sollst du beweisen, dass du das Wichtigste verstanden hast und anwenden kannst. Dazu nehmen wir an, dass die Schule alle Formulare für Unfallmeldungen verbraucht hat und die nachbestellten noch nicht eingetroffen sind.

AUFGABE 10

Verfasse einen Bericht über Jens' Unfall im Sportunterricht. Nimm nur die Informationen zum Unfallhergang auf, die für **die Versicherung** wichtig sind (Adressatenbezug!).
Schreibe aus der Perspektive eines neutralen Berichterstatters.

AUFGABE 11

Die Berichte des Sportlehrers und des Zeugen sind recht lang, der von dir an die Versicherung verfasste wird dagegen deutlich kürzer sein. Warum wohl?

3 DER UNFALLBERICHT
Zusammenfassung

1. Der Unfallbericht dient zur Klärung des Sachverhaltes. Interessiert sind daran die Unfallbeteiligten, deren Versicherungen, die Polizei oder andere Institutionen (bei Schulunfällen z. B. der Direktor als Vorgesetzter eines Lehrers, der Aufsichtspflichten hat).

2. Sie brauchen sachdienliche Informationen über Namen und Daten der Beteiligten, Ort, Zeit und Umstände des Geschehens usw.

3. Sachfremde Informationen wie Gefühle, Meinungen, Vermutungen oder Bewertungen gehören nicht in den Unfallbericht.

4. Die Auswahl der Informationen richtet sich auch nach dem Ziel bzw. dem Interesse desjenigen, für den der Bericht bestimmt ist.

5. Zur sprachlichen Darstellung des Unfallberichtes verwendet man oft den Nominalstil.

Der Veranstaltungsbericht

Neben den Ereignissen, die zu einer Klärung den sachdienlichen und wertneutralen Bericht erfordern, gibt es diejenigen Ereignisse, über die wir nur im Zusammenhang mit Bewertung, Meinung und Einschätzung informiert werden. Es handelt sich um Berichte über Veranstaltungen: Kunst- und Sportveranstaltungen, Theateraufführungen, Musikdarbietungen und Festveranstaltungen der unterschiedlichsten Art. Solche Veranstaltungen, die Art und Weise ihrer Durchführung, die daran beteiligten Personen und die mit ihnen verbundenen Zwecke haben eine Wirkung auf andere. Sie sind meistens Gegenstand eines allgemeinen Interesses oder doch der Aufmerksamkeit eines größeren Kreises von Betroffenen. Entsprechend rufen sie Urteile hervor, die Zustimmung oder Ablehnung enthalten, auf jeden Fall eine bewertende Stellungnahme. Dieses **Bewerten** ist zusätzlich zu dem **Informieren** der Gegenstand des Veranstaltungsberichts.

An Beispielen zu verschiedenen Veranstaltungen wollen wir dir zeigen, auf welche Weise diese Darstellungsform Information und Beurteilung miteinander verbindet.

Um die Öffentlichkeit über das hundertjährige Bestehen und die Hundertjahrfeier der Schule zu informieren, hatten sich die Schüler eine besondere Attraktion einfallen lassen. In der Schule und in der näheren Umgebung konnte man folgendes Plakat (vgl. S. 31) entdecken:

Diese Ankündigung des geplanten Festzuges der Schüler- und Lehrerschaft enthält bereits Informationen, die zu dieser Veranstaltung notwendig hinzugehören.

AUFGABE

1 Schreibe heraus, welche genauen Informationen du erhältst. Verwende auch hier (ebenso wie beim Unfallbericht) W-Fragen.

4 DER VERANSTALTUNGSBERICHT
Informieren und bewerten

Der Saurier, der gerade aus hundertjährigem Schlaf erwachte, gilt als hochgefährliches und gefräßiges Monster! Daher sind alle schulpflichtigen Kinder am Montag, dem 23.8. von 9-12 Uhr von der Straße fernzuhalten. (Eltern haften für ihre Kinder) Der Saurier soll vom Steinbach-Gymnasium in Richtung Theaterplatz unterwegs sein!

Über den Festzug konnte man am anderen Tag im Lokalteil der Tageszeitung folgenden Bericht lesen:

Abenteuerlicher Festzug in der Innenstadt

Ein farbenprächtiges Bild bot sich gestern Morgen den Passanten, als mehrere hundert junge Leute, abenteuerlich aufgeputzt mit Transparenten, mit Sprechchören und Musik durch die Kaiserstraße zur Innenstadt zogen. Mit diesem bunten und einfallsreichen Festzug wollte die Steinbach-Schule auf ihr hundertjähriges Bestehen aufmerksam machen. Angeführt von einem Pappmaschee-Steinbach-Saurier zogen Schüler und Lehrer über die Goethe-Straße, die Junghof-Straße, vorbei an der Katharinenkirche und durch die Kaiserstraße zum Theaterplatz, wo sie dann eine unterhaltsam-heitere Show zum Besten gaben.

Vom Podium auf dem Theaterplatz aus wurde man da mit flotter Musik, rasanten Tänzen, vorgeführt in selbstgeschneiderten originellen Kostümen, und lustigen Liedern und Darbietungen unterhalten.

Vom Sextaner bis zum Primaner boten die Schüler einen anschaulichen Querschnitt durch die verschiedenen Veranstaltungen, die die Gäste in der Festwoche erwarten dürfen, und lieferten damit zugleich die beste Werbung, die man sich denken kann. Die Darsteller einer Oper waren zu sehen, die buntgeschminkten Helden einer Urwald-Parodie und vor allem die Schausteller der besonders gelungenen Zirkusprogramme und vieler Attraktionen mehr. Die schulfreie Woche, die für die Schüler herausspringen soll, ist allerdings sauer genug verdient worden, denn was hier so spielerisch leicht über die Bühne ging, war die Frucht langer Vorbereitungen und Bemühungen an vielen freien Nachmittagen und Wochenenden. So konnte eine Projektwoche entstehen, die nach diesem gelungenen Auftakt noch Interessantes erwarten lässt.

Wie du dir denken kannst, lesen die Steinbach-Schüler und -Lehrer den Artikel mit besonderer Aufmerksamkeit. Entsprechend groß ist die Freude über den Inhalt des Artikels, und groß ist auch das Bedauern all jener, die beim Festzug nicht dabei waren. Der Bericht lässt nämlich keinen Zweifel darüber, dass es sich um eine gelungene Veranstaltung gehandelt hat. Die einzelnen Darbietungen und Aktionen sind vom Verfasser beurteilt worden.

4 DER VERANSTALTUNGSBERICHT
Informieren und Bewerten

AUFGABE 2

Trenne zunächst Information und Beurteilung.
Schreibe deshalb alle rein sachdienlichen Informationen heraus, die du über den Festzug erhältst. (Beachte auch die Überschrift!)
Verfahre hierbei ebenso wie in Aufgabe 1: Stelle die W-Fragen zusammen, mit deren Hilfe du alle Informationen erhalten kannst, die im Zusammenhang mit der Durchführung und den beteiligten Personen des Festzuges stehen. Trage dann stichwortartig die entsprechenden Antworten zusammen.

Untersuche nun, in welcher Weise der Veranstaltungsbericht über den rein informativen Gehalt hinausgeht. Damit sind alle Ausdrücke der Beurteilung und Bewertung gemeint. Du wirst allerdings wissen, dass es gar nicht so einfach ist, all jene sprachlichen Mittel genau zu bezeichnen, die Ausdruck von Bewertungen sind.
Dazu können mitunter schon die **Partikel** zählen (z. B. „nur", „sogar"), die einen Gegenstand in Beziehung zu einer Annahme oder zu einem geltenden Wertmaßstab setzen. Dazu gehören sicherlich auch **Verben,** die die Beurteilung des Sprechers mitteilen. Erst recht jedoch **Substantive,** in denen Wertungen enthalten sind.
Unsere Sprache kommt ohne Wertungen nicht aus. Eine genaue Untersuchung darüber, was zu einer Bewertung gehört und wie sie sprachlich ausgedrückt wird, wirst du immer dort anstellen müssen, wo du (allein oder mit anderen im Unterricht) mit Texten zu tun hast, in denen die Verfasser Wertungen zielbewusst einsetzen, z. B. in der Zeitung und bei Werbetexten.
Wir haben uns hier aus Gründen der Eindeutigkeit auf diejenigen Ausdrücke beschränkt, in denen die Wertung mit Hilfe von **Adjektiven** und **Adverbien** hervorgerufen wird.

AUFGABE 3

Schreibe alle Ausdrücke heraus (Adjektiv + Substantiv; Adverb + Verbform), bei denen eine Wertung enthalten ist.

Die große Anzahl der wertenden Wörter zeigt dir, dass der Verfasser des Veranstaltungsberichts den Leser nicht nur (rein sachlich) informieren will, sondern darüber hinaus eine Bewertung, ein Urteil über die Veranstaltung mitliefern möchte.

MERKE

1. Beim Veranstaltungsbericht handelt es sich um eine Berichtsform, in der der berichtete Sachverhalt mit einer Beurteilung (durch den Verfasser) versehen wird.
Die Beurteilung richtet sich auf eine Veranstaltung (Theateraufführung, Musikdarbietung, Kunstausstellung, Sportveranstaltung, Turnier, Eröffnungsfeier, Einweihung, Show, Festzug u. v. m.): auf ihre Organisation, die Art ihrer Durchführung, d. h. wie sie von den Veranstaltern bzw. Teilnehmern dargeboten wird, auf ihren Erfolg, d. h. wie sie beim Publikum „ankommt".

2. Im Unterschied zum Unfallbericht, der der wertneutralen Klärung des Sachverhalts dient (siehe Merkkasten „Unfallbericht" auf S. 29), zielt der Veranstaltungsbericht auf die Beurteilung der Information. Bewertung ist also hier nicht ein Gegensatz zu Information, sondern gehört wesentlich dazu.

3. Das bedeutet für den Informierenden (den Berichterstatter, den Journalisten, den Theaterkritiker), dass er einen klaren Standpunkt gegenüber der Veranstaltung einnimmt. Dieser Standpunkt wird die Auswahl und Formulierung seines Veranstaltungsberichtes beeinflussen.

4. Zur sprachlichen Darstellung gehört deshalb die bewusste Verwendung wertender Ausdrücke.

5. Die verwendete Zeitform ist das Präteritum.

AUFGABE 4

Versuche, die Absicht des Journalisten anzugeben, indem du Ziele formulierst, die er mit dem Veranstaltungsbericht verfolgt.

AUFGABE 5

Ein Teil der Informationen stammt direkt aus der Beobachtung des „Augenzeugen". Andere Teile sind nicht allein von dem beobachteten Festzug zu gewinnen.
Suche die Informationen heraus, die nicht allein den Festzug betreffen, sondern aus der Kenntnis des ganzen Zusammenhangs gewonnen sein müssen.

4 DER VERANSTALTUNGSBERICHT
Informieren und Bewerten

AUFGABE 6
Formuliere, was der Journalist durch diese Zusatzinformation beim Leser erreicht.

Die Festwoche verlangt natürlich auch eine Berichterstattung für Schüler, Lehrer und Eltern. Unmittelbar nach der Premiere des Theaterstücks „Tarzans letzter Schrei" gingen bei der Schülerzeitung folgende Berichte ein:

Theateraufführung der Klasse 7c
In der Festwoche wurde das Theaterstück „Tarzans letzter Schrei" von der Klasse 7c aufgeführt. Die neue Aula war etwa zu zwei Dritteln besetzt. Sämtliche Requisiten, die Kulisse und die Kostüme waren von den Schülern selbst hergestellt. Alle Schüler wirkten an der Aufführung mit. Die Schauspieler hatten sich vollkommen auf die Handlung und auf die Lieder eingestellt, sodass eine überzeugende Vorstellung herauskam, für die es großen Beifall und viel Lob gab.
Zwei weitere Vorführungen finden noch in dieser Woche statt.

                                          Dieter

Tarzans Urwald in der neuen Aula

Aus Anlass des hundertjährigen Bestehens unserer Schule führten die Schüler der Klasse 7c am Montagnachmittag, den 23. August 1989, die Urwald-Parodie „Tarzans letzter Schrei" auf. Am Vortag erst neu eröffnet, machte die gut besetzte Aula selbst den Eindruck eines undurch-
5 dringlichen Urwaldes, der dem Stück von Anfang an eine „exotische" Atmosphäre gab.

An vielen freien Nachmittagen und Wochenenden war das „selbstgebastelte" Stück von dem Regisseur Helme D., Schüler der Klasse 7c, äußerst wirkungsvoll in Szene gesetzt worden. Herr W. Sielen, der
10 Kunstlehrer an unserer Schule ist, hatte bei den Vorbereitungen mitgeholfen und war hier und da den Schülern tatkräftig zur Hand gegangen. Die Schüler hatten sämtliche Kostüme, manchmal mit der Hilfe einiger Mütter, geschneidert und die farbenprächtige Kulisse selbstständig gebaut.

Es gab keinen Schüler in der 7c, der nicht irgendeine Rolle in dem Theaterstück oder eine andere Aufgabe übernommen hatte. Die jugendlichen Akteure gerieten im Laufe ihrer Darbietungen außer Rand und Band. Die Aufführung war mit ihren Gesangs- und Revueeinlagen und mit ihren unzähligen offenen und auch versteckten Gags ein Augen- und Ohrenschmaus.

Die Handlung ist einfach und genial zugleich. Tarzan, überzeugend dargestellt von Rüdiger B., lebt mit seiner angebeteten Jane, deren Rolle von Susanne O. wirklich mit viel Charme ausgeführt wurde, in einer Urwaldidylle jenseits jeglicher Zivilisation, bis... ja, bis eines Tages plötzlich eine Gruppe Kleckermann-Touristen die Urwald-Einsamkeit aufschreckt (die Störenfriede werden trefflich gespielt von Walter P., Oliver D., Felix S., Simone L. und Tanja S.). Die Verwicklungen, die daraus entstehen, wurden mit viel Können und Begeisterung von Szene zu Szene vorgeführt. Da gibt es Tanzszenen um einen Medizinmann herum, Jazz-Einlagen mit E-Gitarre sowie Beschwörungsrituale, die mit ausgefeilten Lichteffekten unterstützt wurden.

Noch zwei Namen müssen genannt sein: René D., der den zuweilen hektisch auftretenden Medizinmann spielte, und Uli K., der für die musikalische Bearbeitung verantwortlich zeichnete. Sie trugen einen nicht geringen Teil dazu bei, dass das Publikum nach der Vorstellung die jungen Schauspieler mit stürmischem Applaus immer wieder vor den Vorhang holte.

Zwei Vorstellungen werden am Mittwoch, dem 25. August, und am Freitag, dem 27. August, jeweils um 17 Uhr in der Aula unserer Schule zu sehen sein.

Jasmin

Du kannst dir denken, welcher der beiden Veranstaltungsberichte die sofortige Zustimmung der gesamten Redaktion fand: der Bericht von Jasmin.

AUFGABE 7 Begründe, warum sich die Redaktion für Jasmins Veranstaltungsbericht entschieden hat.

4 DER VERANSTALTUNGSBERICHT
Informieren und Bewerten

AUFGABE 8
Schreibe mit Hilfe der Kriterien, die im Merkkasten auf S. 34 angegeben sind, auf, was an Dieters Vorschlag zu kritisieren ist.

AUFGABE 9
Untersuche nun Jasmins Veranstaltungsbericht auf die darin enthaltenen Informationen.

a) Gib an, in welcher Reihenfolge die Informationen angeordnet sind, indem du W-Fragen formulierst und die entsprechenden Antworten stichwortartig daneben schreibst.

b) Der erste Absatz fasst wesentliche Informationen des gesamten Berichtes zusammen. Was spricht dafür, den Veranstaltungsbericht auf diese Weise zu beginnen?

c) Welche Informationen sind in den anderen Absätzen zusammengefasst? Formuliere Überschriften zu allen Absätzen.

d) Schreibe alle Informationen heraus, die nicht direkt mit der Theateraufführung zu tun haben, sondern sich nur aus dem Gesamtzusammenhang erklären lassen.

e) Überlege, warum Jasmin auch diese Informationen in ihre Theaterkritik mit einbezieht. Denke dabei an die Erwartungen der Leser.

AUFGABE 10
Untersuche nun die in Jasmins Veranstaltungsbericht enthaltene Bewertung. Schreibe die wertenden Ausdrücke heraus.

AUFGABE 11
Das Präteritum ist die Zeitform, in der über die Veranstaltung berichtet wird. Die Veranstaltung selbst liegt also auf der Geschehensebene der Vergangenheit.
In dem vorliegenden Veranstaltungsbericht findest du noch andere Zeitformen, die zu einer anderen Geschehensebene gehören.
An einigen Stellen verwendet die Berichterstatterin die Zeitform Präsens. Versuche zu begründen, warum sie diese Zeitform wählt.
Im letzten Absatz steht die Zeitform Futur. Warum?

AUFGABE

12 Schreibe für die Schülerzeitung einen Veranstaltungsbericht über den während der Festwoche stattfindenden Malkurs.
Aus Zeitgründen hast du leider nicht daran teilnehmen können. Dir stehen allerdings einige Informationen zur Verfügung, die du berücksichtigen solltest. Gib deinem Bericht zum Schluss eine treffende Überschrift.

Thema des Malkurses:
„Unsere Schule braucht Farbe!"

Der Malkurs gliedert sich auf in die Kurse Zeichnen, Drucken, Plastik, technische Medien und Kalligrafie.

Zeitpunkt:
täglich zwischen 14.00 und 16.00 Uhr im Schulgarten und in den Kunsträumen des Neubaus.

Die Jugendakademie der Stadt zeigt Interesse an dem Malkurs des Steinbach-Gymnasiums. Grafiker, Designer und Künstler stellen ihre Kenntnisse und Fähigkeiten den Schülern kostenlos zur Verfügung.

Der Malkurs ist direkt aus dem Unterricht der Unterstufe hervorgegangen. Er dient dazu, den Schülern „praktische, produktiv-gestalterische Betätigung mit bildkünstlerischen Ausdrucksmitteln" zu ermöglichen.
Kunstlehrer D. Bornkamm

Schüler der Oberstufe sowie Schülersprecher Patrick G. planen, dass der Malkurs zu einer festen Einrichtung auch für Schüler außerhalb unserer Schule werden soll. Sie sehen in dem Malkurs den Beginn einer „Stadtmalschule".

Schon vor einem Jahr stellte das Städtische Amt für Wissenschaft und Kunst der Schule Material zur Verfügung, das seither ungenutzt im Kunstraum lagert.

Wegbeschreibung und Gebäudebeschreibung

Du bist sicher schon oft von einem Ortsunkundigen nach dem Weg gefragt worden oder warst selbst in einer fremden Stadt auf die Wegbeschreibung eines Passanten angewiesen. Du hättest dir natürlich auch mit einem Stadtplan helfen können: Fast in jedem Ort hängt an zentraler Stelle, oft Touristeninformation genannt, ein Plan der Stadt oder der Gemeinde mit genauen Angaben auch zu markanten Gebäuden, um dem Fremden die Orientierung zu erleichtern.

Einen sehr schönen, mit Zeichenstift und Pinsel gemalten sogenannten Panoramaplan gibt es in dem mittelalterlichen Städtchen Rothenburg ob der Tauber. Als fast 800 Jahre alte Stadt mit weitgehend erhaltenem mittelalterlichen Stadtbild ist Rothenburg Zielort auch vieler Schul- und Klassenfahrten.

Du bist mit deiner Schulklasse außerhalb der Stadttore vor Rothenburg angekommen. Der Bus darf nicht in den alten Stadtkern fahren, dieser ist für den Autoverkehr gesperrt. Der Bus parkt vor dem **Galgentor**. Ihr wollt zunächst zum **Marktplatz** gehen.

AUFGABE 1

Du besitzt die auf S. 40/41 abgebildete Stadtkarte. Beschreibe deinen Mitschülern den Weg zum Marktplatz. Denke daran, dass sie keine großen Umwege machen möchten. Benutze die unter dem Plan stehenden Erläuterungen. Einer deiner Mitschüler hat sich trotz deiner genauen Wegbeschreibung verlaufen. Da er selbst keinen Stadtplan besitzt, fragt er in der **Pfarrgasse** einen ortsansässigen Passanten. Der gibt ihm folgende Auskunft:

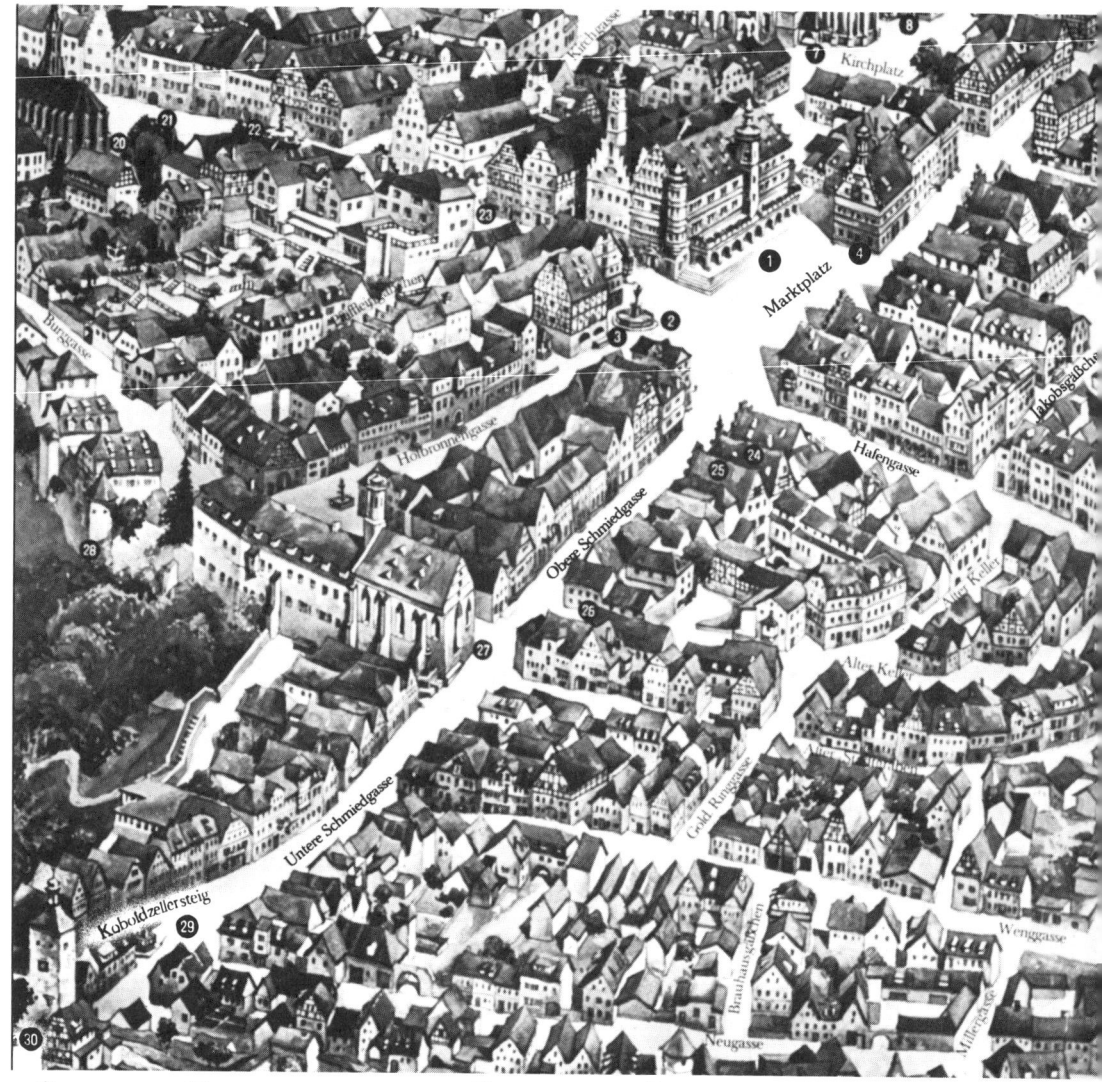

① Rathaus ② St.-Georgs-Brunnen ③ Tanzhaus ④ Ratsherrentrinkstube ⑤ Seelbrunnen
⑥ Weißer Turm mit Judentanzhaus ㉔ Baumeisterhaus ㉕ Topplerhaus ㉖ Nuschhaus

Am besten gehst du zurück in die Galgengasse. Dann siehst du schon den Weißen Turm mit dem Judentanzhaus. Da gehst du hindurch die Galgengasse entlang. An deren Ende triffst du auf Häuser, die an die Ratsherrentrinkstube angrenzen. Davor liegt der Marktplatz.

㉗ St.-Johannis-Kirche ㉙ Plönlein ㉚ Siebertsturm ㊼ Röderturm ㊽ Röderbrunnen
㊾ Röderbogen ㊿ Weiberturm (51) Thomasturm (52) Galgentor

AUFGABE

2 Warum wird dein Klassenkamerad es mit dieser Beschreibung schwer haben, den Marktplatz zu finden?

AUFGABE 3

Gib eine Wegbeschreibung von der Pfarrgasse zum Marktplatz, mit deren Hilfe dein Klassenkamerad den Rest der Gruppe am Zielort finden kann.

> **MERKE**
>
> Die Wegbeschreibung steht – wie alle Beschreibungsformen – im Präsens. Sie muss sich am Kenntnisstand des Fremden orientieren, d. h. nicht subjektive Beschreibungen (z. B. neben dem schönen Haus, am Ende der breiten Straße usw.), sondern objektive Angaben sind entscheidend: Straßennamen, Benennung bestimmter Plätze, Kurzbeschreibung markanter Bauwerke (oft reicht die Kennzeichnung mit Hilfe besonders auffälliger Merkmale) und Richtungsangaben (links, rechts, nördlich, südlich usw.).
> Auch bei der Wegbeschreibung vergrößern treffende Attribute und adverbiale Bestimmungen die Genauigkeit und erleichtern die Orientierung.

Nach einer Erläuterung der historischen Besonderheiten des alten Rathauses und der umliegenden sehenswerten Gebäude darf eure Klasse alleine durch das Städtchen bummeln. Zu vereinbarter Zeit sollt ihr euch am **Plönlein**, einem Fachwerkhaus in unmittelbarer Nähe des Siebertsturms, treffen.

AUFGABE 4

Die Lehrerin gibt für alle eine Wegbeschreibung vom Marktplatz dorthin. Wie lautet die Beschreibung wohl? Schreibe sie auf.

Zur Sicherheit beschreibt die Lehrerin neben dem Weg dorthin auch das Gebäude, das als Treffpunkt angegeben wurde.

> Wenn ihr vom Marktplatz in Richtung Siebertsturm geht, seht ihr nach einer kurzen Wegstrecke (nach etwa 300 Metern) das Plönlein vor euch liegen. Ihr könnt es nicht verpassen, denn es liegt genau an der Stelle, wo sich die Straße gabelt: sie zweigt als Koboldzellersteig nach
> 5 rechts ab und wird halb links weitergeführt durch das Tor des Siebertsturms hindurch.
> Das Plönlein ist ein altes Wohnhaus mit zwei Stockwerken und einem spitzen Giebel, in dem ebenfalls zwei Dachgeschosse untergebracht

5 WEG- UND GEBÄUDEBESCHREIBUNG
Gebäudebeschreibung

sind. Die Lage zwischen den beiden Straßen hat zur Folge, dass das Haus zur rechten abschüssigen Gasse hin noch von einem weiteren Geschoss, einer Art Keller, unterbaut ist. Unmittelbar vor dem Erdgeschoss, zwischen Gebäude und Straßengabelung, liegt ein kleiner Platz, auf dem sich vom Haus aus gesehen zunächst ein Brunnen befindet sowie mehrere in einer Reihe nacheinander angeordnete Becken, die jeweils mit einem Dach versehen sind und den Eindruck hervorrufen, als handele es sich um kleine Häuschen. Dies sind ehemalige Fischbecken. Der Brunnen fällt besonders auf durch das über dem Brunnenrand sich erhebende schmiedeeiserne Gitter, das rund um den Brunnen herumläuft, und durch die in der Mitte des kreisrunden Brunnens stehende, wie gedrechselt wirkende Steinsäule.

Sieht man sich nun die Stirnseite des Plönleins genauer an, so fällt als erstes das Fachwerk auf. Es durchzieht das Obergeschoss und den Giebel. Im Erdgeschoss sind drei, im 1. Stockwerk vier dicht aneinander grenzende Fenster, im unteren Giebelteil zwei und darüber, dicht unter dem Dachfirst, noch ein kleines Fenster.

Ob sich auch an der Längsseite des Hauses Fachwerk befindet, lässt sich nicht sagen, da diese völlig verputzt ist. Sie zeigt nur wenige Fenster, nämlich drei jeweils im Erdgeschoss und Obergeschoss, die mit Fensterläden verschließbar sind, im Kellergeschoss eins.

AUFGABE 5

Gib an, wie die Lehrerin in ihrer Beschreibung vorgegangen ist. Kennzeichne dazu die einzelnen Abschnitte mit einem zusammenfassenden Begriff.

AUFGABE 6

Die Lehrerin bemüht sich, die Lage des Gebäudes möglichst genau zu beschreiben. Dabei nimmt sie Rücksicht auf die Perspektive des darauf zugehenden Betrachters.

a) Unterstreiche in den ersten beiden Absätzen die sprachlichen Mittel, die sie dabei verwendet.

b) Um welche Satzglieder bzw. Satzgliedteile handelt es sich dabei?

c) Welche Mittel, die du herausgefunden hast, verdeutlichen die Perspektive?

Entsprechend dem Zweck ihrer Beschreibung hat die Lehrerin die Fachwerkbauweise zwar erwähnt, ist aber auf die besondere Art des Fachwerks, auf die genaue Bezeichnung der einzelnen Bauteile, nicht näher eingegangen.

MERKE

1. Bei der Gegenstandsbeschreibung (z. B. Gebäude-, Geräte-, Fahrzeugbeschreibung usw.) sollst du dem Leser ein möglichst genaues Bild von der Sache geben. Es kommt dabei nicht auf Empfindung, Einstellung und Beurteilung an. Auch hierbei geht es jedoch darum, mit dem Leser eine „Kommunikation" herzustellen; insofern musst du überlegen:

   a) Welche Absicht verfolge ich mit der Beschreibung? Was soll der Leser damit anfangen können? Auf welche Weise erleichtere ich ihm die Orientierung?

   b) Welche Perspektive wähle ich für die Beschreibung aus? Ist die Perspektive, die ich gewählt habe, vom Leser nachzuvollziehen?

2. Von diesen Überlegungen hängt der Aufbau der Gegenstandsbeschreibung ab:
   – von der Gesamterscheinung zu charakteristischen Einzelheiten;
   – vom Auffälligsten zum Nebensächlicheren.
   Die Einzelheiten sollen in ihrer Beziehung zueinander dargestellt werden. Dabei hilft die Beachtung von Form, Größe, Farbe und Beschaffenheit.

5 WEG- UND GEBÄUDEBESCHREIBUNG
Gebäudebeschreibung

> 3. Für die sprachliche Gestaltung gilt:
> – sachliche, knappe und präzise Ausdrücke schaffen Genauigkeit;
> – Attribute und adverbiale Bestimmungen sorgen für Anschaulichkeit.

AUFGABE 7

Du hast Besuch von deinem Cousin. Er will dich mittags von der Schule abholen. Beschreibe den Weg von dir zu Hause zu deiner Schule.

AUFGABE 8

Gib zusätzlich eine Beschreibung deines Schulgebäudes. Nimm dazu an, das abgebildete Gebäude sei deine Schule.
Berücksichtige die im Merkkasten zusammengefassten Gesichtspunkte.

Gebäudebeschreibungen haben nicht nur eine Bedeutung als Kennzeichnung des Zielortes oder als Orientierungshilfen innerhalb der Wegbeschreibung, sondern können in anderen Situationen einen ganz eigenen Stellenwert erhalten. Zum Beispiel sind bestimmte Gebäudearten und deren Baustile typisch für bestimmte Landschaften oder geschichtliche Epochen, über die man sich Kenntnisse aneignen möchte. In Erdkunde oder Geschichte hast du vielleicht schon einmal eine Exkursion gemacht, bei der es Ziel war, auf landschaftstypische Häuser deiner Heimat zu achten.

Im Folgenden geht es jetzt nicht mehr darum, ein bestimmtes Haus (z. B. das Haus, in dem du wohnst), sondern den Typ eines für eine Gegend charakteristischen Hauses zu beschreiben.

Wir haben als Beispiel das „Gründerzeithaus" der Bonner Südstadt aus dem späten 19. Jahrhundert ausgewählt. Die Bonner Südstadt ist mit diesen typischen Häusern fast vollständig erhalten geblieben.

AUFGABE 9
Welche Informationen erhältst du über das Gründerzeithaus der Bonner Südstadt? Schreibe sie stichwortartig heraus.

AUFGABE 10
Welche Informationen würdest du in einer ausführlicheren Beschreibung, die das Typische dieser Häuser vermitteln will, zusätzlich erwarten? Ergänze.

AUFGABE 11
Worin besteht der Unterschied zwischen der obigen Beschreibung und der, die du über das Haus anfertigen würdest, in dem du wohnst?

Der städtische Charakter wird auch durch den vorherrschenden Bautyp bestimmt: Die weitaus meisten Gebäude des ⁵Gebietes sind sogenannte Dreifensterhäuser. Dieser Haustyp, der unter den beengten Grundstücksverhältnissen der Stadtkerne entstanden ist und gerade ¹⁰im Rheinland eine lange Geschichte hat, ist als Einfamilienhaus konzipiert. Die Varianten der Grundrisse und der funktionalen Organisation sind recht gering. Bis in die frühen 70er ¹⁵Jahre lag der Eingang häufig in der Mittelachse. Da diese Lösung zwangsläufig die Nutzung des Erdgeschosses einschränkte, wurde bei den jüngeren ²⁰Bauten der Eingang an die Seite verschoben, sodass daneben im

5 WEG- UND GEBÄUDEBESCHREIBUNG
Gebäudebeschreibung

Erdgeschoss zwei zusammenhängende, repräsentative Räume (meist Salon und Speisezimmer) die ganze Tiefe des Hauses einnehmen konnten. Die Schlafzimmer und das für den familiären Gebrauch bestimmte Wohnzimmer lagen dann in den Obergeschossen. Die Küche war entweder im Souterrain untergebracht oder im Erdgeschoss des rückwärtigen Anbaues.

Zwar wurden die Häuser in gleichmäßiger Reihung errichtet, aber es wurde großer Wert darauf gelegt, durch die Fassadendekoration jedem Bau individuelle Züge zu geben. Wenn ein Bauherr eine Gruppe von mehreren Häusern errichten ließ, ist sehr oft zu beobachten, dass sich bei identischen Grundrissen die Fassaden beachtlich voneinander unterscheiden. Sogar die Traufhöhen einheitlich errichteter Häuser können differieren.

Text I

Das Reihenhaus in der Brunnenstraße 16 hat 118 qm Wohnfläche, aufgeteilt auf 4 Zimmer zuzüglich eines Hobbyraumes mit 25 qm, der durch eine Treppe mit dem Garten und der Terrasse verbunden ist. Das 30 qm große Wohnzimmer, die leicht geschwungene, mit Holzstufen belegte Massivtreppe zum Obergeschoss, der große Schrankflur und der überdachte Balkon weisen das Haus als Komforthaus aus, das in der Ausstattung nichts zu wünschen übrig lässt. Die Wohnräume haben Thermopane-Isolierverglasung, im Erdgeschoss sind alle Fenster mit Rollläden versehen. Obwohl das Haus ein Reihenhaus ist, wurde es völlig getrennt gebaut, d. h. es ist durch keinerlei Rohrleitungen usw. mit den anderen Häusern verbunden. Dadurch ist eine Schallisolierung von hoher Qualität erreicht worden.

Text II

Baubeschreibung

Rohbaukonstruktion/ Dachkonstruktion	Massive Bauweise, Decken und Wände in Stahlbeton-Massivdachhaut, Korksteinwärmedämmung, Kiespressdach
Innenputzarbeiten	Decken und Wände rau und fein verputzt
Außenputzarbeiten	Wände: Fugenglattstrich und mit Dispersionsfarbe gestrichen, Holzverkleidung über dem Balkon
Fliesenarbeiten	Küche: Wandplatten hinter Spüle, Herd und Arbeitsplatte 4 Platten hoch, Fußboden Steinzeugbodenfliesen Bad, WC: Wandplatten in Türsturzhöhe, Steinzeugbodenfliesen
Fußbodenarbeiten	Wohnzimmer: Holzparkett, alle sonstigen Zimmer Teppichboden Velours, reine Wolle
Anstrich- und Tapezierarbeiten	Alle Zimmer Raufasertapete mit Binderfarbe geweißt, an den Holzteilen offenporiger Anstrich
Beheizung	zentrale Warmwasserheizung mit Erdgasfeuerung
Sanitäre Anlagen	Küche: Nirostaspüle mit Unterbau Bad: Einbauwanne, Einbauduschtasse, Waschtisch, Keramik weiß

5 WEG- UND GEBÄUDEBESCHREIBUNG
Gebäudebeschreibung

Elektrotechnische Anlagen	WC: Komplette moderne WC-Anlage in Keramik beige
	Küche: Elektro-Einbaugeräte komplett
	in allen Räumen sind Heizkörper, Lampenanschlüsse und Schukosteckdosen in ausreichender Zahl vorhanden
	Leerrohre für Telefon und Fernsehantenneneinbau
Außenanlagen	Terrasse mit Platten belegt, Rasen eingesät

AUFGABE 12 Vergleiche die beiden vorstehenden Beschreibungen desselben Hauses.

a) Handelt es sich um die Beschreibung eines bestimmten, individuellen Hauses oder eines Haustyps?

b) Ergänze in der tabellarischen Baubeschreibung die fehlenden Daten, die in der ausführlichen Hausbeschreibung enthalten sind. Überlege, ob du noch weitere Merkmale benötigst.

c) Welchem Zweck könnte die Baubeschreibung in Form einer Übersicht dienen, wann würde man eine ausformulierte Baubeschreibung geben?

d) Arbeite in Text I die dort fehlenden Informationen aus Text II ein.

AUFGABE 13 Versuche, eine tabellarische Baubeschreibung eurer Wohnung/eures Hauses zu geben.

MERKE

Jede Beschreibung ist durch ihren Zweck bestimmt. Dieser ergibt sich aus dem Interesse des Adressaten an der Beschreibung. Unabhängig vom Zweck kannst du eine brauchbare Beschreibung nur anfertigen, wenn du das, was du beschreiben willst (Weg, Gebäude usw.), genau kennst und über die notwendigen Fachausdrücke verfügst.

Gegenstands- und Vorgangsbeschreibung

Die Gegenstandsbeschreibung ist bei verschiedenen Gelegenheiten von Bedeutung: Wenn du etwas verloren hast oder dir etwas gestohlen wurde, musst du eine Verlustmeldung z. B. im Fundbüro oder bei einer Polizeidienststelle machen. Dort wird von dir eine genaue Beschreibung des Gegenstandes verlangt. Dabei musst du dessen Besonderheiten genau benennen, die oft mit Fachausdrücken präzise erfasst werden.

Eine zentrale Bedeutung hat die Gegenstandsbeschreibung vor allem im Zusammenhang mit Vorgangsbeschreibungen, insbesondere bei der Bedienungsanleitung, aber auch bei der Spielbeschreibung und ähnlichem.

AUFGABE 1

Beschreibe mit Hilfe der Abbildung auf S. 51 eine Tischtennisplatte. Beachte die angegebenen Maße. Sie gelten für den sogenannten Turniertisch.

AUFGABE 2

a) Markiere den Teil des Textes auf S. 51, der die eigentliche Spielanleitung darstellt.

b) Sind die hier gemachten Angaben genau genug? Wo benötigt ein Spielunkundiger zusätzliche Informationen? Markiere die Textstelle und formuliere entsprechende W-Fragen.

c) Ist deiner Meinung nach der erste Absatz der Beschreibung sachdienlich? Begründe.

AUFGABE 3

Schreibe die eigentliche Spielanleitung so um, dass jemand, der vorher noch nicht Tischtennis gespielt hat, mit dir spielen könnte. (Natürlich hat er noch nicht die technischen Fertigkeiten, dass er gegen dich eine Chance hätte!)
Arbeite die Beschreibung der Tischtennisplatte (Funktionsbeschreibung!) in die Spielanleitung ein. Wo musst du sie platzieren?

6 GEGENSTANDS- UND VORGANGSBESCHREIBUNG
Spielanleitung

Tischtennis ist ein Spiel, das Geschicklichkeit, Gewandtheit, schnelle Reaktion und gute Nerven verlangt. Der Zelluloidball ist sehr leicht (etwa 2,5 Gramm) und fliegt bei harten Schlägen so schnell, dass man ihn kaum beobachten kann. In Bruchteilen von Sekunden müssen die Spieler darauf reagieren. Wer nicht flink auf den Beinen ist, kommt da immer zu spät. Auch das Auge spielt mit. Schon beim Beobachten des Gegners kann der geübte Spieler erkennen, welcher Schlag folgt: mit der Vorhand oder Rückhand, als Halbflugball oder Schmetterball. Dabei spielt auch eine Rolle, mit welchem Teil des Schlägers der Ball aufgenommen und zurückgeschlagen wird.

Spielfeldseite und Recht zum ersten Aufschlag werden durch das Los (zum Beispiel mit einem Geldstück) ermittelt. Das Spiel beginnt mit der Angabe: Der Aufschläger schlägt den Ball auf seine Hälfte; der Ball muss über das Netz in die Hälfte des Rückschlägers fliegen. Nach jeweils 5 Punkten wechselt die Angabe. Vom Spielstand 20:20 ab wechselt die Angabe nach jedem Punkt. Es gewinnt die Partei einen Satz, die zuerst 21 Punkte bei mindestens 2 Punkten Vorsprung erreicht. Beispiel: 21:19, 22:20, 25:23. Nach jedem Satz werden die Seiten gewechselt. Ein Spiel hat zwei Gewinnsätze, bei Meisterschaften auch drei.

Den folgenden Vorgang findest du wahrscheinlich so alltäglich, dass du gar keine Notwendigkeit sehen wirst, dich damit zu beschäftigen. Es geht um das Telefonieren. Lass dich dennoch einmal darauf ein. In einem Handbuch für Kinder steht folgende Anleitung:

Telefonieren ist einfach:

1. Geld einwerfen;
2. Hörer abnehmen;
3. Freizeichen abwarten;
4. Ortskennzahl wählen, wenn es ein Ferngespräch ist;
5. Wenn das Rufzeichen ertönt, abwarten, ob sich der Teilnehmer meldet;
6. Ist der Anschluss gerade besetzt, gibt der Apparat das Geld zurück.

AUFGABE 4

Stell dir vor, dein jüngerer Bruder oder deine jüngere Schwester hätte noch nie von einer öffentlichen Telefonzelle aus angerufen. Käme er/sie mit dieser Beschreibung zurecht?

a) Welche Angaben sind so unbrauchbar, dass ein Gespräch nicht hergestellt werden kann?
b) Welche Angaben fehlen völlig?
c) Was fällt dir am Satzbau auf? Formuliere die Aufforderungen so um, dass sie sich an deinen Bruder/deine Schwester richten.

AUFGABE 5

Fertige eine neue Anleitung an. (Ein Tipp: Gehe einmal in eine öffentliche Telefonzelle und informiere dich genau über die Apparatur.)
Verwende bei deiner Anleitung folgende Fachausdrücke:

Hörkapsel – Sprechmuschel – Münzspeicher – Geldanzeige – Geldrückgabefach – Gabel

Versuche, die Aufforderungssätze dabei so zu formulieren, dass du dich an einen beliebigen Benutzer wendest. (Z. B. Überzeugen Sie sich vorab, ob Sie über genügend Kleingeld verfügen ...)

Alle hier angegebenen Fachausdrücke sind zusammengesetzte Nomen, sogenannte Komposita. Sie bestehen aus einem Grundwort und einem Bestimmungswort. Häufig sind charakteristische Komposita nötig, um einen Gegenstand deutlich kennzeichnen zu können.

Sprech	–	muschel
Bestimmungswort		Grundwort

6 GEGENSTANDS- UND VORGANGSBESCHREIBUNG
Zusammenfassung

1. Bei der Gegenstands- und Vorgangsbeschreibung ist es nicht nur wichtig, möglichst viele Angaben machen zu können, diese müssen auch in der notwendigen Genauigkeit und Deutlichkeit erfolgen und in einer bestimmten Reihenfolge angeordnet werden.

2. Bei der Gegenstandsbeschreibung beginnst du am besten mit der Funktionsbeschreibung. Diese lässt sich oft auch in der Vorgangsbeschreibung als Einleitung nutzen.
Die weitere Reihenfolge solltest du vom Auffälligsten (Wichtigsten) zum Nebensächlichsten wählen.
Die Angabe genauer Merkmale und Kennzeichen mit Hilfe von Fachbegriffen (oft als Komposita) fördern die Genauigkeit. Attribute und adverbiale Bestimmungen tragen zur Verdeutlichung bei.

3. Bei der Vorgangsbeschreibung ist der Ablauf entscheidend. Nur bei zeitlich und sachlich richtig dargestelltem Ablauf ist der Vorgang sachgerecht auszuführen. Vorgangsbeschreibungen sind in der Regel Anleitungen. Sie sind entsprechend im Aufforderungsstil (Imperativ) abzufassen. Da Vorgänge wiederholbare Abläufe darstellen, werden sie im Präsens geschrieben.

Wie man Fotos macht, wirst du auch dann wissen, wenn du kein „Profifotograf" bist. Und wie man einen Fotoapparat bedient, ist der Bedienungsanleitung schnell und oftmals auf einen Blick zu entnehmen. Anhand dieser recht einfachen Handlung wollen wir dir zeigen, wie eine **Bedienungsanleitung** aufgebaut ist und welchen Zweck sie hat.

Meistens handelt es sich beim Fotografieren ja nicht um sehr viele Handgriffe oder die Beachtung vieler Funktionen. Eher sind ein geschulter Blick für geeignete Motive und den passenden Hintergrund sowie effektvolle Lichtverhältnisse gefragt. Will man dies alles miteinander kombinieren, muss man die Bedienungselemente und -möglichkeiten der Kamera kennen und funktionsgerecht benutzen. Bei etwas besseren Kameras hast du die Möglichkeit, den „Schärfentiefebereich" zu beeinflussen.

Was das heißt und welchem Zweck die Steuerung des Schärfentiefebereiches dient, erklärt Walter seinem Freund Peter. Walter hat Peter seine Kamera geliehen und ihm die dazugehörige Bedienungsanleitung mitgegeben. Für besondere Aufnahmetechniken schreibt er ihm zusätzlich einige Hinweise auf.

Aus der Bedienungsanleitung:

Schärfentiefe umfasst den Raum vor und hinter der eingestellten Entfernung, innerhalb dessen das Bild scharf ist. Der
5 Schärfentiefebereich ändert sich mit der eingestellten Blende: Mit einer großen Blendenöffnung erhält man einen kleinen Sch., während man mit
10 einer kleinen Blendenöffnung einen großen Sch. erzielt.
Zur Schnappschusstechnik:
– die nach den Lichtverhältnissen kleinstmögliche Blende
15 einstellen; – den Entfernungsring so lange drehen, bis die entsprechende Blendenzahl der Schärfentiefeskala gerade gegenüber dem Unendlich-
20 Zeichen steht.

Walters Hinweise:

Wenn du einen Schnappschuss machen willst, empfehle ich dir, für einen ausreichend großen Schärfentiefebereich zu sorgen. Das ist wichtig, weil du in der Regel nicht genügend Zeit hast, die Entfernung genau auf das Objekt einzustellen. (Nimm an, es begegnen dir in freier Wildbahn Tiere, die du fotografieren willst –
5 *ehe du die Entfernung eingestellt hast, sind sie verschwunden!) Deshalb solltest du eine Schärfenzone von ganz nah bis unendlich einstellen. Stell dir vor, dein Motiv liegt in 20 m Entfernung, du möchtest aber den ganzen Raum von nah bis unendlich scharf abbilden. Wenn du das Normal-Objektiv verwendest und du wegen ausreichender Helligkeit Blende 11 einstellen kannst, dann bildet es bei*
10 *dieser Blende und Einstellung 20 m laut der Skala den Raum zwischen 5,40 m und unendlich scharf ab. Wenn du jetzt den Ring, mit dem du die Entfernung einstellst, so lange drehst, bis „unendlich" (∞) auf der 11er Fernpunkt-Marke steht, dann hast du eine Einstellung auf 7 m mit einem Schärfentiefebereich zwischen etwa 3,60 m und unendlich.*
15 *Durch diesen einfachen Handgriff ist dein Schärfentiefebereich immerhin um 1,80 m vergrößert worden.*

6 GEGENSTANDS- UND VORGANGSBESCHREIBUNG
Bedienungsanleitung

AUFGABE 6

Die Hinweise, die Walter seinem Freund zur Einstellung des Schärfentiefebereiches gibt, umfassen sehr viel mehr Informationen als die äußerst knappe Bedienungsanleitung. Nenne Unterschiede

a) zum Inhalt;

b) zur Wortwahl;

c) zur Art der verwendeten Sätze.

Beide Texte geben eine genaue Handlungsanweisung über die verschiedenen Handlungsschritte, die man ausführen muss, um ein bestimmtes Ziel (die Ausdehnung der Schärfenzone) zu erreichen. Walter verwendet zur Veranschaulichung ein Beispiel. Im Unterschied zum Text der offiziellen Bedienungsanleitung spricht er seinen Freund (den Adressaten der Beschreibung) direkt an.

AUFGABE 7

a) Warum fehlt eine solche Anrede in der offiziellen Bedienungsanleitung?

b) Einige Sätze der offiziellen Bedienungsanleitung enthalten kein Subjekt. Wie heißen solche Sätze?

Du sollst nun die einzelnen Bedienungsvorgänge beschreiben, die nötig sind, um an einem Videorekorder die Aufnahme eines Fernsehfilms durchzuführen. Stell dir vor, du bist für eine Woche weggefahren, hast aber vergessen, deinen Videorekorder für die Aufnahme deiner Lieblingssendung zu programmieren. Unmittelbar am Ziel angekommen, schreibst du einen Brief an deinen Freund Wolf-Jochen. Dein Freund kennt die Bedienung eines Videorekorders allein vom Zusehen. Wie man eine Videokassette einsetzt, mit welcher Taste der Programmplatz für Videowiedergabe beim Fernsehgerät gewählt wird und wo sich die Aufnahmetaste befindet, weiß er bereits. Du kannst also auf solche Teilinformationen zurückgreifen, musst aber in deiner Anleitung die einzelnen für die Aufnahme erforderlichen Bedienungsvorgänge so genau beschreiben, dass sie für deinen Adressaten in ihrer zeitlichen und sachlichen Abfolge nachvollziehbar sind.

AUFGABE 8

Verfasse für Wolf-Jochen eine genaue Anleitung mit Hilfe der Bedienungsanleitung und dem Schaubild unten.

```
Lieber Wolf-Jochen,
bevor ich dir erzähle, wie es hier aussieht, habe ich
eine dringende Bitte an dich. Du musst unbedingt den
Bericht über die Reinhold-Messner-Expedition aufneh-
men. Die Sendung wird am Sonntag um 17.45 Uhr im
ersten Programm gezeigt.
Meine Eltern werden dich, wie sonst auch, wenn ich
nicht da bin, in mein Zimmer lassen. Eine leere
Kassette findest du im oberen Schrankfach neben den
Büchern ...
```

1. VORBEREITUNG

– Eine Videokassette einsetzen.
– Überprüfen, ob der Aufnahmeschalter in der Position „off" steht. (Gegebenenfalls den Schalter in diese Position stellen.)
– Den Wahlschalter auf die Position „Tuner" stellen.
– Die Rückstelltaste des Bandzählwerkes drücken.

2. AUFNEHMEN

– Am Rekorder das zur Aufnahme bestimmte Programm wählen (❶) (Programmtaste) und mit dem Fernsehgerät überprüfen, ob der Empfang einwandfrei ist.
– Die Aufnahmetaste (❷) drücken.
– Die Pause/Standbildtaste (❸) drücken, um den Bandvorlauf vorübergehend anzuhalten.
– Die Pause/Standbildtaste (❸) nochmals drücken, um die Aufnahme fortzusetzen.
– Die Stopptaste (❹) drücken, um die Aufnahme zu beenden.

3. AUSSCHALTZEIT PROGRAMMIEREN

– Die Ausschaltzeit ist durch Drücken der Ausschalttaste einzugeben.

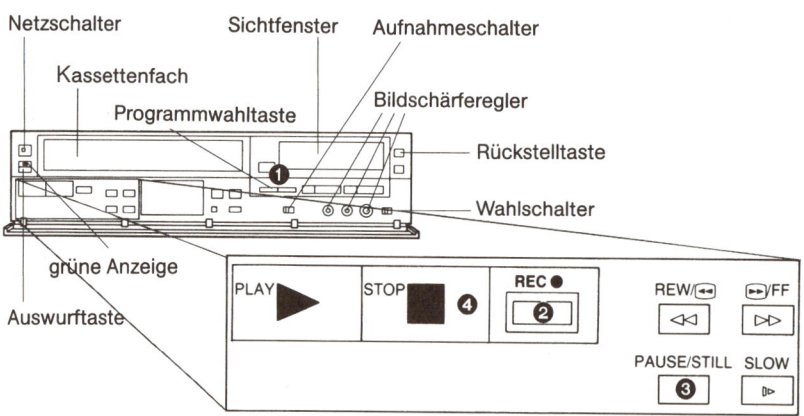

6 GEGENSTANDS- UND VORGANGSBESCHREIBUNG
Sachbuchartikel

In dem Merkkasten auf S. 53 ist für dich notiert, dass Vorgangsbeschreibungen in der Regel Anleitungen sind. Es gibt darüber hinaus aber noch andere Bereiche, in denen Vorgangsbeschreibungen – oft mit Hilfe von Gegenstandsbeschreibungen – von Bedeutung sind. Sie dienen ganz allgemein zur Erläuterung von Fragen aus den unterschiedlichsten Wissensgebieten. Dazu hier ein Beispiel.

Wie Vögel fliegen

Wenn ein Vogel in der Luft die Flügel bewegt, entsteht Auftrieb – ähnlich wie bei den Tragflächen eines Flugzeuges.
5 Gleichzeitig wird Schubkraft erzeugt. Bei Flugzeugen übernehmen die Triebwerke diese Aufgabe.
Im Querschnitt ist ein Vogel-
10 flügel ähnlich geformt wie die Tragfläche eines Flugzeugs. Er ist leicht gewölbt, sodass die Luft über die Oberseite schneller hinwegstreicht als über die
15 Unterseite. Dadurch entsteht der Auftrieb.

Im Flug liefert die Abwärtsbewegung der Flügel die Kraft. Sie werden gleichzeitig abwärts und vorwärts geschla- 20 gen. Der innere Teil bewirkt den Auftrieb, während der äußere Teil, an dem die langen Schwungfedern sitzen, ihn verstärkt und gleichzeitig für 25 Schubkraft sorgt. Wenn die Flügel wieder aufgeschlagen werden, drehen sich die Schwungfedern so, dass sie Luft durchlassen und die Flügel 30 ohne großen Kraftverlust bewegt werden können.

AUFGABE 9
Unterstreiche die Aussagen, die den Vorgang des Fliegens betreffen und diejenigen, die die Flügel beschreiben, mit verschiedenen Farben.

AUFGABE 10
Sowohl die Beschreibung des Tischtennisspiels wie diese Beschreibung des Fliegens sind Vorgangsbeschreibungen. Dennoch unterscheiden sie sich.
Nenne Unterschiede in der Art der beiden Vorgangsbeschreibungen. Nicht der Inhalt ist das Entscheidende.
Welche Absicht verfolgt der jeweilige Verfasser mit seiner Beschreibung?

Am häufigsten beschreibst du Vorgänge in der Absicht, jemandem zu erklären, wie er etwas tun muss, z. B. einen Gegenstand reparieren, die Spielregeln eines Spieles richtig befolgen, eine Sportart korrekt ausführen usw. Diese Art Vorgangsbeschreibungen leiten jemanden in seinem Tun an. Auch Kochrezepte, Bastel- und Bedienungsanleitungen, die du zu Hilfe nimmst, wenn du etwas ausführen willst, das du noch nicht so richtig beherrschst, haben diesen „Anleitungscharakter". Sprachlich erkennst du das an imperativischen Wendungen und oft auch an der direkten Ansprache des Lesers mit Hilfe der Anredepronomen.

Vorgangsbeschreibungen können aber auch einem anderen Zweck dienen: Wie der Artikel über das Fliegen von Vögeln zeigt, soll hier der Leser über einen Vorgang informiert werden, er soll Zusammenhänge erkennen, (natur-)wissenschaftliche Kenntnisse erwerben, ohne dass er selbst das neue Wissen konkret bei der Ausführung eines Vorganges anwenden soll oder kann. Entsprechend fehlt bei der sprachlichen Darstellung der Aufforderungscharakter. Du findest überwiegend Aussagesätze in der Form von Satzgefügen mit adverbialen Gliedsätzen der Ursache, Folge, Bedingung und des Vergleichs.

AUFGABE 11

a) Versuche mit Hilfe der Schemazeichnung auf S. 59 die angegebenen Teile des Sportflugzeuges richtig zu nummerieren.

b) Was fällt dir bei den Fachausdrücken auf?

c) Überprüfe, ob du die Beschreibung des Fliegens von Flugzeugen im Lexikonartikel auf S. 59 verstehst. Kannst du die Schwierigkeiten, die du dabei unter Umständen hast, benennen?

Bisher hast du in diesem Kapitel gelernt, dass die Gegenstandsbeschreibung in der Regel eine wichtige Funktion in der Vorgangsbeschreibung hat. Wenn du z. B. wissen willst, wie man eine Videoaufzeichnung macht, benötigst du zunächst eine Beschreibung des Gerätes.
In dem Lexikonartikel über das Flugzeug scheint es zunächst nur um die Beschreibung des Gegenstandes zu gehen. In Wirklichkeit wird dir der Gegenstand aber dadurch verdeutlicht, dass auch seine Funktion beschrieben wird: hier dient also die Vorgangsbeschreibung zur Präzisierung des Gegenstandes.

6 GEGENSTANDS- UND VORGANGSBESCHREIBUNG
Lexikonartikel

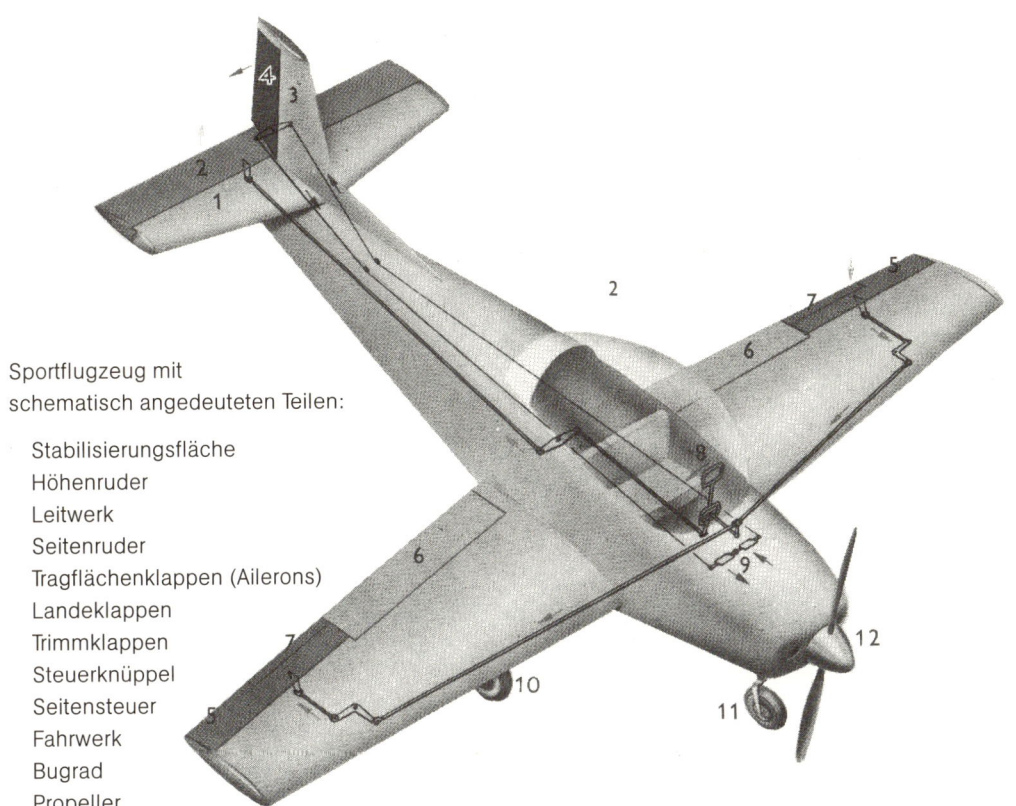

Sportflugzeug mit schematisch angedeuteten Teilen:

Stabilisierungsfläche
Höhenruder
Leitwerk
Seitenruder
Tragflächenklappen (Ailerons)
Landeklappen
Trimmklappen
Steuerknüppel
Seitensteuer
Fahrwerk
Bugrad
Propeller

Flugzeug, ein Luftfahrzeug, das schwerer als Luft und fähig ist, sich aus eigener Kraft fortzubewegen, dazu gehören nicht Helikopter oder ballistische Raketen. Der Auftrieb von F.en erfolgt durch den Druck der an den Tragflächen entlangströmenden Luft, die Fortbewegung durch Propeller oder Schubdüsen, bei Segel-F.en durch Aufwinde oder durch Ausnutzung der Schwerkraft. Der Auftrieb hängt ab vom Anstellwinkel der Tragflächen und der Horizontalgeschwindigkeit. Je größer diese ist, umso stärker wird die Luft beschleunigt und umso größer wird der Gegendruck, der bei der Überwindung der Massenträgheit der Luft entsteht. Grenzen sind gesetzt durch Abreißen der Strömung und Wirbelbildung. Man unterscheidet nach dem Zweck Verkehrs-, Jagd-, Aufklärungs-F.e. Sonderausführungen z. B. als Lastentransporter, Schul- und Trainings-F.e, F.e zum Bekämpfen von Waldbränden und zum Aussprühen von Pflanzenschutzmitteln usw. Nach dem Antrieb unterscheidet man *Propeller-, Düsen-, Segel-F.e,* nach der Bauart *Ein-* und *Mehrdecker, Tief-, Mittel-* und *Hochdecker* (je nach Lage der Tragflächen zum Rumpf), nach Bauelementen die Zelle mit Rumpf, Tragflächen mit Vorflügeln und Spaltklappen, Leitwerk und Fahrwerk, das *Triebwerk* und die *Ausrüstung* mit Navigationsgeräten, Radar u. a.

7 Personenbeschreibung

Die Selbstdarstellung

Hast du dich schon einmal selbst beschrieben? Bei welchem Anlass und für welchen Zweck sollte das gewesen sein? Ein geeigneter Anlass für eine Beschreibung der eigenen Person könnte der Eintritt in eine neue Schule sein. Die Schüler, die in der Regel von unterschiedlichen Grundschulen kommen, stellen sich vor. Das tun sie mündlich, indem sie etwas von sich erzählen, danach als Hausaufgabe schriftlich, sodass erste Eindrücke zu Hause von wichtigen Einzelheiten ergänzt werden können. Zusammen mit einem Bild entsteht so für jeden Schüler eine Art Selbstporträt, das dann mit allen anderen zusammen an die Wand im Klassenraum gehängt wird. Hier ist es für jeden Schüler (und auch für die Lehrer) einzusehen. Eins dieser Selbstporträts sieht so aus:

Mein Name ist Markus Wagner. Ich bin am 12. März 1988 in Detmold geboren. Ich bin 1,48 m groß, wiege 40 kg und habe dunkelbraune Haare. Sie bedecken nicht ganz meine Stirn.

PERSONENBESCHREIBUNG
Die Selbstdarstellung

Nach unserem Umzug nach Bonn bin ich in die Grundschule in der Rheinallee 5 gekommen. Dort ist jetzt meine kleine Schwester Monika. Ich mag am liebsten: Fußball spielen, Schwimmen (Fahrtenschwimmer am 6. Juli), Indianerbücher lesen und alle Sorten von italienischem Essen. Ich mag nicht: meine Sommersprossen, die ich aber nur, wie der Name schon sagt, im Sommer habe, und wenn meine kleine Schwester mich nervt, was sie ziemlich oft macht. (Kummer: weiß ich im Moment nicht, vielleicht: dass ich im Rechnen nicht so gut bin.) Ich lebe mit meinen Eltern, meiner Schwester und unserem Dackel (der aber eigentlich meiner Schwester gehört) in der Liebermanngasse. Dort haben wir ein Haus.

AUFGABE 1

Die Schüler sollen sich mit Hilfe des Selbstporträts den anderen Schülern (und auch den Lehrern) vorstellen und so untereinander besser kennen lernen. Welche Punkte einer Personenbeschreibung hat Markus ausgewählt, um diesen Zweck zu erreichen? In welcher Reihenfolge ordnet er diese an? Schreibe dazu die Merkmale zusammenfassend in der entsprechenden Reihenfolge heraus.

AUFGABE 2

Diese Art der Personenbeschreibung verfolgt die Absicht, die Mitschüler über sich selbst zu informieren. Entsprechend nimmt der Schreiber die Ich-Perspektive ein, die seine Beschreibung auch als persönliche Äußerung kennzeichnet. Welche sprachlichen Ausdrücke verdeutlichen die gewählte Perspektive? Unterstreiche diese.

AUFGABE 3

a) Stelle dir vor, du solltest allein mit Hilfe seines Selbstporträts Markus Wagner aus einer Klasse mit 30 Schülern herausfinden. An welche der beschriebenen Merkmale würdest du dich halten?

b) Welche der Beschreibungsmerkmale sind über die persönliche Darstellung hinaus nötig, damit du beim Auffinden des Schülers sicher sein kannst?

c) Worin unterscheidet sich eine solche Personenbeschreibung mit dem Zweck der Selbstdarstellung von einer Personenbeschreibung, die dem Zweck der Erkenntnis und des Auffindens einer Person dient?
Versuche verschiedene Gesichtspunkte anzugeben, die zeigen, worin sich beide Beschreibungsarten unterscheiden.

Die Beschreibung der äußeren Erscheinung

Im Alltag kommen Situationen vor, in denen eine solche zur Erkenntnis einer Person dienende Beschreibung wichtig ist: nämlich im Bereich der polizeilichen Fahndung nach einem Täter oder nach einem Vermissten. Die zu diesem Zweck erforderliche Personenbeschreibung stellt die Person so dar, dass sie – von außen – deutlich erkannt werden kann; entsprechend beschränkt sie sich auf die Wiedergabe des äußeren Erscheinungsbildes.

Um eine Vermisstenanzeige zu erstellen, benutzt die Polizei eine Liste mit Beschreibungsmerkmalen, die der beschreibenden Person als Beschreibungshilfe dienen sollen. Aus der Fülle der vorhandenen Kennzeichnungen muss dann nur noch dasjenige Merkmal, das auf die vermisste Person zutrifft, ausgewählt werden (vgl. S. 63).

AUFGABE 4

a) Unterstreiche mit einem Bleistift diejenigen Merkmale, die auf dich selbst zutreffen.

b) Gibt es deiner Meinung nach Merkmalsbereiche, die eine Person nicht genau genug „erfassen"? Mache Ergänzungsvorschläge.

c) Wer ist der Adressat einer solchen mit Hilfe dieser Liste erstellten Personenbeschreibung? Welche Rolle spielt er bei dieser Form der Beschreibung?

d) Nenne Vor- und Nachteile einer solchen standardisierten Personenbeschreibung.

AUFGABE 5

Untersuche nun den inhaltlichen Aufbau der Liste, indem du die Reihenfolge der einzelnen Merkmalsbereiche benennst.
Welche Beziehung besteht zwischen dem inhaltlichen Aufbau der Liste und ihrem Zweck?
Untersuche die sprachliche Gestaltung der Beschreibungsmerkmale. Nenne dazu die Wortarten, die besonders häufig benutzt werden.

7 PERSONENBESCHREIBUNG
Die Beschreibung der äußeren Erscheinung

Geschlecht: _____ m/w
Alter: _____ Jahre
Größe: _____ cm
Gewicht: _____ kg

Gestalt

Haltung:	stark – untersetzt – schlank – schwächlich – steif – gebeugt – schief

Kopf

Form:	oval – rund – viereckig – unsymmetrisch – hoch – breit – Kreisel-, Pyramiden-, Rautenform

Gesicht

Form:	länglich – rundlich – eckig – kantig – hohlwangig
Aussehen:	frisch – blaß – kränklich – pickelig – faltig
Haar und Bart:	hell-/dunkelbraun – schwarz – rötlich – blond – grau/weiß meliert – gefärbt; voll – schütter – glatt – wellig – kraus; kurz – lang – gescheitelt – zurückgekämmt – Bürste – Teilglatze vorn/hinten – Vollglatze; gepflegt – ungepflegt; Bart: Form: _____ Farbe: _____
Stirn:	hoch – niedrig – zurückweichend – vorspringend – senkrecht – flach; Haaransatz: _____
Augen:	hell – dunkel – blau – grau – gelb – grün – hell-/dunkelbraun – schwarzbraun – verschiedenfarbig – tiefliegend – hervorstehend, stechender/trüber Blick
Augenbrauen:	Farbe: _____; Form: _____; Fülle: _____
Nase:	auffallend groß/klein – schmal – breit – eingebogen – geradlinig – stark ausgebogen – wellig – schief nach rechts/links – spitz – Adler-, Boxer-, Knollennase
Ohren:	sehr groß – klein – schmal – drei/viereckig – rund – oval – sehr abstehend – anliegend
Mund:	groß – klein – schief – breite/schmale/aufgeworfene Lippen – vorstehende Ober-/Unterlippe – Hasenscharte
Zähne:	vollständig – lückenhaft – auffallend groß – klein – schräggestellt – Über-/Unterbiß – vorstehende Schneidezähne – Krone(n), Prothese oben/unten – weiß – gelb – dunkel
Kinn:	zurückweichend – vorspringend – spitz – breit – Doppelkinn – gespaltenes Kinn

Körper

Arme u. Hände:	Arme: lang – kurz – behaart; Hände: groß – klein – behaart – gepflegt – ungepflegt – abgearbeitet
Beine u. Füße:	Beine: kurz – lang; O-, X-Beine; Füße: groß – klein; Gehfehler: _____

Sprache

Mundart: _____ Fremdsprache: _____
stotternd – lispelnd – hohe/tiefe Stimme, stumm – heiser – nuschelnd – monoton – klar – lebhaft; Kennzeichen wie: äh-Laut – Nicht? – Nicht wahr? – Ja? – Wissen Sie, u. a.

Besondere Kennzeichen

_____
_____

Folgende Vermisstenanzeige ist mit Hilfe einer solchen Liste geschrieben worden.

Duisburg: Am Samstag, dem 17. März 1990, ist die vierjährige Sonja Makler von ihrem Vater als vermisst gemeldet worden. Sonja hatte mit ihren Eltern und den Geschwistern gegen 16.00 Uhr im Kant-Park, in der Nähe des Lehmbruck-Museums, Verstecken gespielt und war plötzlich nicht mehr gesehen worden. Das Mädchen ist recht schlank, etwa 1,30 m groß und hat lockige, etwa bis zum Kinn reichende mittelblonde Haare. Sie streicht ihre Haare oftmals nach hinten, sodass dabei ihre Stirn recht hoch wirkt. Ihre Augenfarbe ist braun. Sonja spricht sehr flüssig, ohne Dialekt. Sie trägt eine helle, naturfarbene Strickjacke, die nur von den oberen Knöpfen zusammengehalten wird, dunkelbraune Cordhosen mit Aufschlag und rote Stiefel. Auffällig ist die rote lederne Umhängetasche, die Sonja bei sich trägt.

AUFGABE 6

Der Erfolg einer Vermisstenfahndung wird davon abhängen, wie genau die jeweilige Person beschrieben ist. Wie diese Genauigkeit erreicht wird, hängt von den sprachlichen Mitteln ab, die dabei verwendet werden.

a) Unterstreiche alle sprachlichen Ausdrücke, die der genauen Kennzeichnung des äußeren Erscheinungsbildes dienen.
b) Um welche Satzglieder bzw. Satzgliedteile handelt es sich dabei?

AUFGABE 7

Schreibe nun selbst eine Vermisstenanzeige. Gehe dabei von folgender Annahme aus: Ein sechsjähriger Junge ist verschwunden. Nimm dabei das Foto zur Hilfe; Zeitpunkt, Name und Angaben wie Augenfarbe, Sprache, Farbe der Kleidung usw. darfst du erfinden.
Ein hilfreicher Tipp: Markiere zunächst anhand der Liste auf S. 63 die wesentlichen Merkmale und formuliere anschließend die ausführliche Vermisstenanzeige.

7 PERSONENBESCHREIBUNG
Die charakterisierende Personenbeschreibung

Die charakterisierende Personenbeschreibung

Im letzten Abschnitt hast du die Form der Personenbeschreibung kennen gelernt, die für die Zwecke der Vermisstenfahndung erforderlich ist. Die dazu notwendigen Merkmale der Beschreibung werden darauf reduziert, was an einer Person unmittelbar wahrgenommen werden kann, was an ihr „registriert" wird. Diese Beschränkung auf die rein sachdienliche Information hat mit dem erkennungsdienlichen Zweck zu tun, der bei der Beschreibung beachtet werden muss, bringt aber auch einen Nachteil mit sich, der nicht übersehen werden darf: Die beschriebene Person wird dabei wie ein Gegenstand behandelt, weitgehend objektiv und rein sachdienlich. Über ihre Gefühle, ihren inneren Zustand erfährt man nichts.

Nun wirst du in deinem Leben – hoffentlich – nur in Ausnahmefällen eine Vermisstenanzeige formulieren müssen. Häufiger begegnen dir Personenbeschreibungen im Alltag, in der Schule, im Gespräch mit Mitschülern oder Bekannten, auf einer Klassenfahrt.

Auf einer Klassenfahrt haben Schüler Folgendes gespielt:
Nachdem sie Paare ausgelost hatten, zeichneten sie gegenseitig auf große unterlegte Papierbögen ihre Umrisse. In diese Umrissbilder wurden nun – jeweils vom anderen Schüler – charakteristische Eigenschaften geschrieben.

Ein Schüler erhielt folgendes Umrissbild:

AUFGABE 8 Überlege, worauf es bei dieser Art Personenbeschreibung vor allem ankommt. [Denke dabei an: a) den Beschreibenden, b) den Zweck der Beschreibung, c) den Inhalt der Beschreibung, d) den Adressaten.]
Wodurch unterscheiden sich die Merkmale im Umrissbild von denen, die in einer Vermisstenanzeige verwendet werden?

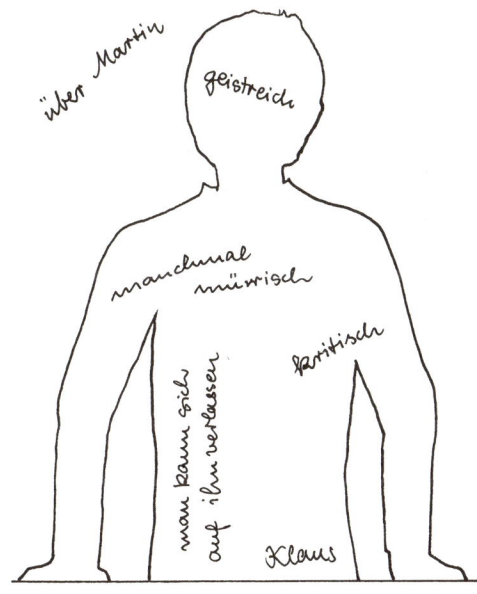

Hier liegt natürlich keine vollständige Personenbeschreibung vor, wohl aber enthält das Umrissbild jene Merkmale, die eine persönliche und charakterisierende Personenbeschreibung kennzeichnen. Im Vordergrund steht dabei die Beziehung, in der der Beschreibende zu der beschriebenen Person steht. Der Beschreibende lässt in die Beschreibung seine persönliche Einstellung und seine Wahrnehmung mit einfließen. Auch die Person des Adressaten ist wichtig: Was möchte ich von meiner Beziehung zu dem Beschriebenen einer anderen Person mitteilen? Entscheidend ist hier also auch, zu welchem Zweck die persönliche Beschreibung dient. Davon wird abhängen, in welchem Umfang der Beschreibende bereit ist, charakteristische Eigenschaften aufzuzählen, und wie weit er dabei gehen will, diese auch anderen mitzuteilen.

Die 8. Klasse hat eine neue Lehrerin. Sie unterrichtet in der Klasse das Fach Deutsch. Um die Schüler erst einmal kennen zu lernen und sich dabei auch selbst vorzustellen, wählt sie ein Unterrichtsthema, in dem es auch um die Wahrnehmung von Personen und den Umgang mit ihnen geht.

Michaela schreibt ihrer Freundin über den ersten Eindruck von ihrer neuen Lehrerin. Sie hat sich dabei vorgenommen, ihrer Freundin ein genaues Bild der Lehrerin zu vermitteln, will allerdings auch ihre eigene Stellungnahme mit der Beschreibung verknüpfen. In ihrem Brief heißt es:

```
  ...Seit Anfang dieses Schuljahrs haben wir eine neue
  Klassenlehrerin, Frau Werner. Auf unsere Frage hat
  sie uns auch ihren Vornamen genannt: Martina.
  Sie ist noch recht jung, ungefähr 30 Jahre, und
5 macht einen sehr sympathischen Eindruck. Das
  Auffallendste an ihr, was wir sofort in der ersten
  Stunde bemerkt haben, sind ihre großen, dunklen
  Augen, mit denen sie jeden einzelnen Schüler unse-
  rer Klasse ganz genau beobachtet, aber doch nicht
10 irgendwie böse, eher völlig aufmerksam, so, als
  wollte sie aus jedem Schüler das Beste, was er zu
  bieten hat, hervorlocken. Daher kommt auch ihre
  ruhige, abwartende Haltung, obwohl sie schon einige
  Male richtig temperamentvoll war, auch ein wenig
15 hektisch (sobald sie merkt, dass die Stunde dem
  Ende zugeht und sie noch unbedingt den Stoff durch-
  ziehen will, ...na ja, so sind eben Lehrer!). Wenn
  sie dann auf ihr Buch sieht, fällt ihr eine kleine
  lose Locke in die Stirn. Ansonsten sind nämlich
20 ihre dunkelbraunen Haare glatt zurückgekämmt und im
  Nacken zu einem Knoten zusammengefasst. Manchmal
  trägt sie eine Brille: randlose Gläser mit goldenen
  Bügeln. Sie sieht dann sehr vornehm aus. Der
  Eindruck wird verstärkt durch ihre Kleidung.
25 Neulich trug sie eine dunkelgrüne Bluse aus Seide,
  darüber ein farblich leicht abgesetztes Tuch und
  eine Brokatweste. Die völlig lässigen Jeans, die
```

7 PERSONENBESCHREIBUNG
Die charakterisierende Personenbeschreibung

sie anhatte, passten nicht recht zu dem Übrigen, wirkten aber in dieser Zusammenstellung sehr originell. Kleidung gehört auch zu ihren Schwächen, wie sie uns erzählt hat. Als Bernhard und Patrick sich mit falschen Namen vorstellten, kicherten einige von uns. Sie musste wohl etwas gemerkt haben, denn sie gab unmittelbar danach das Unterrichtsthema für die nächsten Wochen an: Wie wir miteinander umgehen – Personen wahrnehmen und beschreiben. Gut reagiert, nicht! In einer Stunde, in der wir etwas zu ihrer Person fragen durften, erzählte sie uns, dass sie vor einigen Jahren noch die Absicht hatte, Künstlerin zu werden (ihr zweites Fach ist nämlich Kunst), aber seitdem sie Schüler kennen gelernt hat, lieber unterrichtet. Es macht auch sehr viel Spaß bei ihr, auch wenn es mitunter anstrengend ist. Ich habe immer den Eindruck, dass sie mich mit meiner Meinung ernst nimmt, selbst dann, wenn sie ihre eigene Meinung dagegensetzt. Auf jeden Fall ist sie bei den meisten in unserer Klasse sehr beliebt...

AUFGABE 9

Michaela ist von ihrer neuen Lehrerin sicherlich begeistert. An welchen sprachlichen Ausdrücken lässt sich diese Beziehung ablesen? Unterstreiche diese.

AUFGABE 10

Untersuche, in welcher Weise Michaela in ihrer Personenbeschreibung vorgegangen ist.

a) Gib dazu den inhaltlichen Aufbau wieder.

b) Benenne die Art und Weise des Vorgehens. (Geht sie z. B. „von oben nach unten" vor oder wählt sie bestimmte Gesichtspunkte der Beschreibung aus?)

AUFGABE 11

Michaelas Absicht war es, der Freundin sowohl das Erscheinungsbild der Lehrerin, charakteristische Eigenschaften und Verhaltensweisen wiederzugeben als auch ihre Beurteilung mit einfließen zu lassen.

a) Untersuche die sprachlichen Formulierungen, mit denen Michaela diese Absicht zu erreichen sucht. Unterscheide zwischen eher beschreibenden Passagen und eher beurteilenden.

b) Wie werden beschreibende und beurteilende Äußerungen miteinander verknüpft? Schreibe zwei Beispiele heraus.

AUFGABE 12

Michaela bemüht sich, ihre Beschreibung möglichst abwechslungsreich und ansprechend zu formulieren. Dazu verwendet sie verschiedene Verben, Attribute und adverbiale Bestimmungen. Schreibe diese heraus.

AUFGABE 13

Du hast erfahren, dass du eine neue Mitschülerin bekommst. Da du bereits ihr Foto gesehen hast, wollen deine Mitschüler von dir wissen, welchen Eindruck du von ihr hast und wie sie aussieht: „Sag mal, wie sieht sie denn aus?"

Verfasse mit Hilfe des Fotos eine ausführliche Personenbeschreibung, in der nicht nur das äußere Erscheinungsbild wiedergegeben wird, sondern auch Vermutungen über ihr Verhalten zum Ausdruck kommen sollen. (Natürlich kannst du solche Vermutungen nur ansatzweise äußern, denn ob sie die Person auch wirklich „treffen", kannst du nicht wissen. Die sprachlichen Äußerungen darüber sollten also entsprechend vorsichtig und differenziert sein.)

Überlege aufgrund deiner Beschreibungsabsicht genau, welche Darstellungsform und welche Reihenfolge du bei den einzelnen Beschreibungsmerkmalen wählst.

Bei der Personenbeschreibung gibt es verschiedene Darstellungsformen. Welche der Darstellungsformen jeweils erforderlich ist und welche inhaltlichen Gesichtspunkte darin vorkommen, hängt ab

a) von dem Zweck, dem die Personenbeschreibung dient;

b) von der Situation, in der sie Verwendung findet;

7 PERSONENBESCHREIBUNG
Die charakterisierende Personenbeschreibung

c) von dem Adressaten, für den sie geschrieben ist;

d) von der Beziehung, die der Beschreibende zu der beschriebenen Person hat.

Du hast in diesem Buch folgende Darstellungsformen kennen gelernt:

- **Das Selbstporträt**
  Es dient der Vorstellung der eigenen Person und findet zum Beispiel Verwendung beim Kennenlernen einer Klassengemeinschaft oder einer neu zusammengesetzten Gruppe. Es enthält Angaben über das Aussehen, über eigene Gedanken und Wünsche, über Vorlieben und Hobbies, über familiäre Verhältnisse.

- **Die Personenbeschreibung in einer Vermisstenanzeige**
  Sie dient der Erkennung der vermissten Person und wird bei der polizeilichen Fahndung verwendet. Sie enthält ausschließlich Angaben über das, was an einer Person unmittelbar beobachtet werden kann. Es geht darin nur um das äußere Erscheinungsbild einer Person. Entsprechend ist die sachdienliche Angabe besonderer Kennzeichen und sprachlich genaue Formulierung das Wichtigste an ihr.

- **Die charakterisierende Personenbeschreibung**
  Sie dient der Wiedergabe des Eindrucks, den man von einer Person hat. Im Vordergrund steht hier die Beziehung, in der der Beschreibende zu der beschriebenen Person steht. Sie enthält neben der Wiedergabe des Erscheinungsbildes auch charakteristische Eigenschaften, Gewohnheiten, Schwächen und Vorlieben, Hinweise zur Einstellung der Person und zu ihrem Verhalten in bestimmten Situationen. Dazu kann auch die Beurteilung der Person treten.
  Diese Darstellungsform verwendest du, wenn du mit dem äußeren Bild auch einen Gesamteindruck verbinden möchtest, z. B. bei der Beschreibung eines Freundes, eines Mitschülers oder eines Lehrers. Sie ist an solche Adressaten gerichtet, die an der gesamten Persönlichkeit der beschriebenen Person interessiert sind.

Für alle Darstellungsformen gelten die folgenden Hinweise zum **Aufbau:**
Die Richtung der Beschreibung geht von der Gesamterscheinung zu den Einzelheiten, vom Wichtigsten zum Nebensächlicheren, vom äußeren Bild zu inneren Eigenschaften.

Stellung nehmen

In den bisherigen Kapiteln hast du gelernt, dich selbst und andere zu informieren. Dabei ging es darum, Sachkenntnis zu gewinnen. Sich über einen Sachverhalt, Ablauf, Gegenstand usw. sachkundig zu machen, kann ein eigenständiges Ziel der Informationsbeschaffung sein.
Häufig dient der Schritt der Informationsbeschaffung jedoch nicht nur der Erweiterung der Sachkenntnis, sondern einer weiterführenden Absicht: Man will z. B. in einer Diskussion, Auseinandersetzung o. ä. Stellung beziehen. Dazu braucht man Begründungen für seine Aussagen (Argumente), die dazu beitragen sollen, die eigene Meinung zu verdeutlichen und für andere einsichtig zu machen. Mit ihrer Hilfe will man den Gesprächspartner bzw. Angesprochenen von der eigenen Meinung oder Beurteilung eines Sachverhaltes überzeugen.

Behauptung – Meinung – Argument

Den Zusammenhang zwischen Informieren und Stellungnehmen und in der Folge auch dem Argumentieren mit der Absicht, andere zu überzeugen, wollen wir dir an einem aktuellen Beispiel verdeutlichen.
Im Albert-Einstein-Gymnasium Duisburg werden seit einigen Jahren regelmäßig im Winter Klassenfahrten als Skifahrten durchgeführt. In letzter Zeit haben sich zunehmend Eltern, Lehrer und Schüler kritisch geäußert, der Skisport sei besonders umweltbelastend und deshalb sollten keine Skifahrten mehr unternommen werden. Auf einer Schulkonferenz werden die unterschiedlichen Meinungen zu dieser Frage geäußert. Im Folgenden findest du einen Ausschnitt dieser Diskussion protokolliert:

A *Direktor:* Liebe Schüler, Eltern und Kollegen, heute wollen wir in der Schulkonferenz über das Thema „Skifahrt und Umweltbelastung" diskutieren. In letzter Zeit sind kritische Stimmen laut geworden, die Skifahrten abzuschaffen. Wir können die Frage heute sicher nicht entscheiden, aber wir werden durch den Austausch unserer Erfahrungen und Meinungen das Problem vielleicht etwas genauer kennen lernen.

8 STELLUNG NEHMEN
Behauptung – Meinung – Argument

B *Lehrer 1:* Unsere Skifahrten sind bei allen Schülern sehr beliebt. Wir sollten sie beibehalten, denn schließlich ist die Bewegung an der frischen Luft das Beste, was wir unseren Schülern auf einer Klassenfahrt bieten können.

C *Schüler 1:* Ja, so viel Spaß wie die Skifahrten machen mir andere Klassenfahrten nicht.

D *Eltern 1:* Klassenfahrten sollen ja nicht nur Spaß machen, sie sollen auch einer erzieherischen Absicht entsprechen und da kann ich die Zerstörung der Natur nicht als wertvoll erkennen.

E *Lehrer 2:* Gerade bei einer Skifahrt kann man doch bewusst Umwelterziehung leisten. Die Lehrer können Schüler auf umweltschonendes Verhalten am Skiort vorbereiten.

F *Schüler 1:* Sinn einer Skifahrt ist doch das Skilaufen. Wenn wir erst mal am Skiort sind, wollen wir nicht nur Regeln und Vorschriften lernen, die den Spaß verderben.

G *Schüler 2:* Ich habe aber erst neulich gelesen, dass der Skisport sehr negative Auswirkungen auf die Natur hat. Um die Landschaft den Bedürfnissen der Skifahrer anzupassen, werden Felsen gesprengt, Waldflächen gerodet und immer mehr Sessel- und Schlepplifte gebaut.

H *Eltern 1:* Ja, und das führt zu schwerwiegenden ökologischen Veränderungen.

J *Lehrer 3:* Zum Beispiel wird die Schutzfunktion des Bergwaldes durch die Rodungen gestört, denn der Wald schützt die Täler vor Lawinen und ist ein wichtiger Lebensraum für bedrohte Tier- und Pflanzenarten.

K *Eltern 2:* Wollen wir denn wirklich unseren Kindern die Möglichkeit nehmen, durch die Skifahrten eine interessante Freizeitaktivität kennen zu lernen, die einen so hohen gesundheitlichen Wert besitzt?

L *Eltern 1:* Wir können doch nicht für ein so zweifelhaftes winterliches Massenvergnügen die Bergwelt derart malträtieren!

M *Schüler 2:* Es sind ja nicht nur die Rodungen des Waldes, die so umweltgefährdend sind. Auch die Pistenpflege, die die Skifahrer erwarten, verursacht dauerhafte Landschaftsschäden.

N *Lehrer 3:* Nicht nur die Anlagen für den Skisport rufen die Umweltschäden hervor. Oft liegt dies an der Ausübung des Skisports selbst, weil Skiläufer, die sich nicht an ausgewiesene Pisten und Loipen halten, in geschützte Naturräume eindringen. Sie beschädigen mit den Stahlkanten ihrer Skier junge Bäume, die die nächste Waldgeneration sichern sollen, verscheuchen Wild und engen dessen Lebensräume ein.

O	*Eltern 3:*	Das stimmt, ich habe selbst gesehen, dass besonders bei geringer Schneelage die Vegetation durch die scharfen Stahlkanten der Skier wie mit dem Rasiermesser abgeschnitten wird.
P	*Eltern 1:*	Richtig, Skisport ist Alpenmord!
R	*Eltern 2:*	Ihre Umweltargumente sind ja nur vorgeschoben, in Wirklichkeit ist Ihnen die Skifahrt zu teuer.
S	*Schüler 3:*	Wenn wir statt mit dem Bus mit der Bahn zu unserem Skiort reisen, leisten wir doch auch einen Beitrag zum Umweltschutz.
T	*Schüler 2:*	Mir macht der ganze Rummel in den Wintersportorten jedenfalls keinen Spaß.
U	*Direktor:*	Die Diskussion hat gezeigt, dass die persönlichen Standpunkte sehr unterschiedlich sind. Ich selbst habe den Eindruck, dass wir vor einer endgültigen Entscheidung noch mehr Sachkenntnis erwerben müssen.

AUFGABE 1

Welches Ziel hatte die Diskussion?

AUFGABE 2

Untersuche die Aussagen sorgfältig und lege – wie unten vorgegeben – eine Liste mit Beispielen aus der Diskussion an.

Äußerungen, die Sachkenntnis zeigen	Äußerungen, die auf Sachkenntnisse hindeuten, diese aber zu wenig ausweisen	Äußerungen, die – bezogen auf die Frage – wenig Sachkenntnis zeigen

8 STELLUNG NEHMEN
Behauptung – Meinung – Argument

In Aufgabe 2 hast du die Aussagen nach dem Grad der nachzuweisenden Sachkenntnis, die der Sprecher mit ihnen zum Ausdruck bringt, beurteilt. Den Aussagen in den drei Spalten kann man folgende Begriffe zuordnen:
– Äußerungen, die bezogen auf den angesprochenen Gegenstand oder Sachverhalt wenig Sachkenntnis zeigen oder diese zu wenig ausweisen, können wir die Begriffe **Behauptung** oder **Meinung** zuordnen.
– Äußerungen, die Sachkenntnisse zeigen, sind **begründete Meinungen.**

Das, was die Begriffe „Behauptung", „Meinung" und „begründete Meinung" bedeuten, geht jedoch über das hinaus, was du in Aufgabe 2 erarbeitet hast. Ob man eine Meinung als begründet gelten lassen kann, hängt nämlich von der Qualität der Begründung ab.
Untersuche dazu die Aussagen aus der Schulkonferenz noch einmal genauer.

AUFGABE 3

a) Wo wird eine Meinung mit Begründung vertreten? Welche dieser begründeten Aussagen überzeugen dich, welche nicht?

b) Welche Aussagen bleiben unbegründet?

c) Wo wird eine persönliche Erfahrung als Begründung angeführt? Ist sie als Begründung geeignet?

d) Wo wird jemand persönlich angegriffen? Welche Wirkung hat ein solches Verhalten?

MERKE

Aussagen ohne Begründung sind Behauptungen.
Aussagen mit nur persönlicher Erfahrung als Begründung sind Meinungen.
Aussagen mit Begründungen, die man nachprüfen kann oder die aufgrund allgemeiner Bewertung auf breite Zustimmung stoßen, sind begründete Meinungen oder Argumente.

Nicht nur in der hier beispielhaft wiedergegebenen, sondern in jeder Diskussion kommt es darauf an, seinen persönlichen Standpunkt überzeugend darzustellen. Das gelingt dann, wenn man in der Lage ist, begründete Aussagen zu machen, denen die Diskussionspartner zustimmen können.
Bevor das möglich ist, muss man sich zunächst eine eigene Meinung bilden.

Dazu muss man sich sachdienliche Informationen beschaffen. Darauf hat auch der Direktor am Ende der Diskussion in der Schulkonferenz hingewiesen. Du erkennst also immer deutlicher, wie wichtig Sachkenntnis für begründete Aussagen ist. Deshalb haben wir dir zum Thema „Skifahrt und Umweltbelastung" Sachinformationen zur weiteren Bearbeitung zusammengestellt, die natürlich nicht vollständig sind:

INFORMATIONSTEIL I

1 Häufig müssen für den Bau von Skipisten Schneisen in den Bergwald geschlagen werden. In der Regel werden dabei auch die Baumstümpfe herausgerissen. Dadurch entstehen Angriffspunkte für die Bodenerosion, der Boden wird seines natürlichen Schutzes beraubt: Die Vegetationsdecke wird zerstört, Steilstellen werden abgeflacht, störende Hindernisse wie z. B. Felsen gesprengt und weggeschoben, Bergbäche verrohrt und verfüllt. Diese Maßnahmen sind mit tiefgreifenden Folgen für den Boden- und Wasserhaushalt verbunden:
– Die natürliche, gewachsene Bodenstruktur wird zerstört und damit die mechanische Bodenstabilität verringert. Folge: Erhöhte Bodenerosion.
– Der Boden wird verdichtet und damit die Wasseraufnahmefähigkeit verringert. Die Folge: Erhöhter Oberflächenabfluss und damit verstärkte Erosionsgefahr.
– Dort, wo der Boden seiner Vegetationsdecke beraubt ist, ändert sich das Mikroklima. Geringere Verdunstraten und fehlender Vegetationsschutz erhöhen ebenfalls den Bodenabtrag.
Abflussmessungen haben ergeben, dass auf Skiabfahrtsschneisen innerhalb des Bergwaldes der Oberflächenabfluss um mindestens das 13–14fache und der Bodenabtrag um das 30fache und mehr zunimmt.

2 Zur Pistenpflege gehört vielerorts auch der Einsatz von sogenannten Schneekanonen, um die Schneeverhältnisse zu verbessern und die Skisaison zu verlängern. Dabei wird zum Teil auch Schneezement zur Schneeverfestigung verwendet. Es handelt sich dabei im Wesentlichen um Stickstoffdüngemittel, die die Gewässer belasten. Außerdem verzögert ein überhöhtes Stickstoffangebot die Winterruhe der Vegetation und erhöht die Frostgefährdung.

3 Das Problematische am Pistenausbau ist, dass jede Erschließungsmaßnahme weitere Ausbaumaßnahmen erforderlich macht. Man spricht in diesem Zusammenhang von einem „Pistenkreisel" oder „Pistenkarussell".
Es läuft etwa folgendermaßen ab:
– Eine bestehende Piste wird ausgebaut und maschinell präpariert.
– Die attraktivere Piste zieht mehr Skifahrer an, es entsteht eine Warteschlange am Lift.
– Die Förderleistung des Lifts wird erhöht.
– Unter der vermehrten Belastung der Schneedecke entsteht eine Buckelpiste.
Die Buckelpiste wird maschinell entschärft und zu einer breiten Familienabfahrt ausgebaut.
– Es bilden sich erneut Warteschlangen am Lift, die Förderleistung wird dementsprechend erhöht.
– Die höhere Skifahrerdichte verursacht ein Gedränge auf der Piste und erhöht das Kollisionsrisiko.
– Weiterer Ausbau ...
Die Auswirkungen sind natürlich nicht auf den Pistenbereich beschränkt. Nicht zu vergessen ist die mit dem Anwachsen der Menge der Skifahrer zusammenhängende Infrastruktur: Mit dem Ausbau der Aufstiegshilfen steigt die Kapazität und damit müssen neue Parkplätze, Zufahrtsstraßen, Hotels, sanitäre Einrichtungen usw. errichtet werden.

4 Am Beispiel des Skigebietes Fellhorn in den Allgäuer Alpen hat der Münchner Geograf Thomas Dietmann nach umfangreicher Spurensuche aufgelistet, was Bau und Betrieb eines „Skizirkus" an nicht wieder gutzumachenden Schäden hervorrufen. Rund ein Viertel des 202 Hektar großen Areals, früher Almen und Bergwald, wurde innerhalb der letzten 15 Jahre, so Dietmann, durch Vollplanierung, Abtragung kompletter Bergteile und Ausholzung ganzer Schutzwaldgebiete nachhaltig geschädigt. Wo die Fellhornpisten frequentiert werden, sind Grasnarben und Sträucher regelrecht abrasiert, sie fallen als Stabilisatoren des Bodens aus. Pistenwalzen haben die Humusdecke zermahlen und den Unterboden losgerissen. Auf einem derart misshandelten Gelände dringt Starkregen, so ergaben Messungen, kaum noch in die Erde ein, sondern fließt zu zwei Dritteln direkt ab und nimmt dabei über 6 Pfund Boden je 100 Quadratmeter mit.

5 Alpengemeinden, die als Wintersportzentren Bedeutung
gewinnen wollen, vernetzen ihre
Liftanlagen und ebnen Buckel-
hänge zu Skiautobahnen ein. Stra-
pazierte Pistenabschnitte werden
mit Schneekanonen – inzwischen
über 300 Maschinen alpenweit –
präpariert und so gründlich ver-
eist, dass an den Stellen im Früh-
jahr und Sommer kein Gras mehr
wächst. Berg- und Mittelstationen
sind längst keine heimeligen
Hütten mehr, sondern gastrono-
mische Großbetriebe in der
Größe von Fabrikkantinen.

6 Aus dem ökologischen Gleichgewicht geraten sind nicht nur
Bayerns Berge und Tirol – die
gesamte Alpenregion ist vom
Kollaps bedroht. Der „Dachgarten Europas" ist mittlerweile
die am meisten gefährdete
Großlandschaft des Kontinents.
Lawinen und Erdrutsche, Felsstürze, Bodenerosion und Überschwemmungen ballen sich zu
einem gefährlichen Komplex von
Ursachen, die sich nach Einschätzung des Wiener Forstwissenschaftlers Hannes Mayer
gegenseitig aufschaukeln. Das
großartige Gebirge könnte bald
regelrecht verstümmelt sein.

AUFGABE

Überlege, welche Informationen in der Diskussion vertretene Meinungen belegen bzw. Aussagen stützen könnten. Du kannst so vorgehen:

z. B. Information	5	kann als Stütze dienen für Aussage	T
	.		.
	.		.
	.		.

AUFGABE

Untersuche die Informationsbeiträge genauer:

a) Wo wird ein Beispiel gegeben?

b) Wo wird ein Vergleich gezogen?

c) Wo wird verallgemeinert?

Beispiele und Vergleiche sind sprachliche Mittel, die Aussagen anschaulicher
und wirkungsvoller machen. Insbesondere Beispiele verdeutlichen, bieten
erläuternde Zusätze, die den vertretenen Standpunkt überzeugender und
glaubwürdiger gestalten.

8 STELLUNG NEHMEN
Behauptung – Meinung – Argument

Auch in der Diskussion der Schulkonferenz haben Gesprächsteilnehmer Beispiele verwendet:

Aussage **H**: Ja, und das führt zu schwerwiegenden Veränderungen.

Aussage **J**: Zum Beispiel wird die Schutzfunktion des Bergwaldes durch die Rodungen gestört…

AUFGABE 6

Schau dir die Abfolge der Aussagen **G–H–J** genau an.
Wie reagieren die Diskussionsteilnehmer aufeinander?
Wie wirkt diese Passage auf den Hörer (Leser)?

Zur besseren Veranschaulichung wird von einem Diskussionsteilnehmer auch ein Vergleich herangezogen:

Aussage **O**: …ich habe selbst gesehen, dass besonders bei geringer Schneelage die Vegetation durch die scharfen Stahlkanten der Skier **wie mit dem Rasiermesser abgeschnitten** wird.

Ebenso sind Verallgemeinerungen in den Diskussionsbeiträgen vertreten:

Aussage **B**:   Unsere Skifahrten sind bei allen Schülern sehr beliebt…
Aussage **P**:   Skisport ist Alpenmord!

Die beiden Verallgemeinerungen unterscheiden sich voneinander. In der ersten Aussage (**B**) wird die Bewertung eines Teils der Schüler für die aller Schüler ausgegeben. Es handelt sich um eine Form der Übertreibung, in der unterschiedliche Auffassungen aufgehoben oder verschwiegen werden. (Aus der Vorgeschichte weißt du, dass die Skifahrten von einem Teil der Schüler kritisch gesehen werden, sonst wäre es nicht zur Diskussion um deren Abschaffung gekommen.)
Die zweite Aussage (**P**) stellt eine noch stärkere Form der Übertreibung dar, bei der die Äußerung zu einem überzogenen Pauschalurteil wird. Beide Formen der Verallgemeinerung sind **unzulässig**, da sie Unterschiede, Einschränkungen usw. nicht mitbedenken.
Vergleiche nun dazu folgende Verallgemeinerung aus dem Informationsmaterial.

Information 6: „Aus dem ökologischen Gleichgewicht geraten sind nicht nur Bayerns Berge und Tirol – die gesamte Alpenregion ist vom Kollaps bedroht…"

Die Verallgemeinerung ist grundsätzlich eine Zusammenfassung von Einzelheiten, ohne dass diese Einzelheiten alle ausgewiesen werden. (Im Beispiel oben: „… nicht nur Bayerns Berge und Tirol – die gesamte Alpenregion".)
Die aus der Information 6 zitierte Verallgemeinerung wird durch die erläuternden Aussagen in den folgenden Sätzen begründet und durch ein „Expertenurteil" gestützt: „… Lawinen und Erdrutsche, Felsstürze, Bodenerosion und Überschwemmungen ballen sich zu einem gefährlichen Komplex von Ursachen, die sich nach Einschätzung des Wiener Forstwissenschaftlers Hannes Mayer gegenseitig aufschaukeln …"
Eine solche Form der Verallgemeinerung ist **zulässig**.

Zulässig verallgemeinern heißt: Unterschiedliche Auffassungen bedenken, Erläuterungen einbeziehen, Einschränkungen berücksichtigen, sachlich formulieren.

> **MERKE**
>
> Wer sich an einer Diskussion – das ist eine Auseinandersetzung mit sprachlichen Mitteln, deren Anlass ein strittiger Sachverhalt ist – erfolgreich beteiligen will, muss seine Auffassungen mit vernünftigen Gründen darlegen. Die Aussagen sollen von Sachkenntnis zeugen.
>
> Das ist besonders dann der Fall, wenn es sich um überprüfbare Tatsachen und Beobachtungen, festgeschriebene Regeln (z. B. Gesetze), Zitate von Experten und anerkannten Autoritäten hinsichtlich des strittigen Sachverhaltes und nachvollziehbare, verallgemeinerungswürdige Erfahrungen handelt.
>
> Dabei musst du auf verständliche und wirkungsvolle Formulierungen achten: Ordne den wichtigsten Gründen Beispiele und Vergleiche zu und verallgemeinere vorsichtig.

Du hast nun den Unterschied zwischen Behauptung, Meinung und begründeter Meinung kennen gelernt und bist auf die sprachlichen Möglichkeiten der Veranschaulichung von Aussagen mit Hilfe von Beispielen, Vergleichen und Verallgemeinerungen aufmerksam gemacht worden.
Nun sollst du einmal selbstständig versuchen, aus dem dir bisher gegebenen Material zum Thema Skifahrten eine Abfolge von Aussagen zusammenzustellen und so zu formulieren, dass sie überzeugen. Wenn dir das gelingt, hast du einen für andere Gesprächsteilnehmer nachvollziehbaren **Begründungszusammenhang** hergestellt.

8 STELLUNG NEHMEN
Zusammenhängend begründen

AUFGABE 7

Greife auf die Arbeitshinweise und Lösungen von Aufgabe 4 zurück. Stelle mit Hilfe der dort vorgenommenen Zuordnung eine Abfolge von Aussagen zusammen, die einen überzeugenden Begründungszusammenhang ergibt.
Achte auf verbindende Konjunktionen und Überleitungen, z. B. denn, deshalb, infolgedessen, des Weiteren, aus all dem ergibt sich usw.

Zusammenhängend begründen

Die Frage, ob Skifahrten an der Schule aus Gründen des Umweltschutzes abgeschafft werden sollen oder nicht, wird inzwischen von der gesamten Schülerschaft diskutiert. Dort sind es vor allem die Schüler der Klasse 7 und 8, die sich untereinander und auch mit ihren Lehrern mit diesem Problem auseinander setzen; denn für diese Jahrgangsstufen sind die vorgesehenen Klassenfahrten als Skifahrten geplant. Bald zeigt sich für alle Beteiligten, dass es dabei nicht nur um die Regelung eines Sachproblems geht, vielmehr lässt sich an der Heftigkeit und den Emotionen, mit denen die Gespräche über dieses Thema geführt werden, ablesen, mit wie viel Betroffenheit und Engagement die Schüler auf diese Frage reagieren.
Ein an der Schulkonferenz beteiligter Schüler, Michael Schäfer, formuliert seinen Standpunkt in der Schülerzeitung:

> Liebe Mitschülerinnen,
> liebe Mitschüler,
>
> Wie Ihr alle wisst und tagtäglich mitbekommt, diskutieren wir seit Wochen nur über ein einziges Thema: Skifahrt – ja oder nein?
>
> 5 Und wie Ihr auch alle wisst, vertrete ich in dieser Frage eine eindeutige Position. Da es aber noch immer einige Unbelehrbare gibt, begründe ich meine Auffassung noch einmal schriftlich und nenne die für meine Begriffe wichtigsten ökologischen Gründe.
> Diese lassen sich in drei Hauptgruppen einteilen:
>
> 10 A) Lift- und Pistenbau;
> B) Anreise der Skitouristen;
> C) Skibetrieb und Pistenpflege.
>
> In allen drei Problemfeldern zeigt sich, inwiefern Skifahrten für Natur und Mensch gefährlich sind. Die Gefahr liegt also nicht nur im Skifahren selbst, sondern auch in seinen Begleiterscheinungen.
> 15

A) Lift- und Pistenbau

Aneinander gereiht haben die Pisten eine Länge von 120 000 Kilometern – „das Dreifache des Erdumfangs". (1) Sowohl Lifte als auch Pisten führen oft durch den dafür abgeholzten Bergwald. „Der Bergwald erfüllt jedoch vielfältige Schutzfunktionen: Er schützt die Täler vor Lawinen und Steinschlag, er wirkt ausgleichend auf den Wasserhaushalt und ist ein unersetzlicher Lebensraum für zahlreiche Tier- und Pflanzenarten. Überall da, wo Schutzwälder aufgerissen werden, werden die Schutzfunktionen beeinträchtigt oder zerstört: Bodenabtrag, Erosionsrinnen, Lawinen, Vermurungen (Erdrutsche) und Überschwemmungen können die Folge sein.

Zudem sind die künstlich aufgerissenen Waldränder […] stark sturmgefährdet, Windwurfschäden sind häufig die Folge. An den sonnenseitigen Beständen werden die plötzlich freigestellten Bäume auch noch durch Rindenbrand beschädigt." (2)

Der Pistenbau hat aber auch außerhalb der Bergwälder fatale Auswirkungen: Neben vielen Biotopen wird die natürliche Bodenstruktur zerstört. Das geschieht durch „Abflachung von Steilhängen, Verrohrung von Bergbächen und Abtragung kompletter Bergteile". (3)

Der Vorsitzende des Deutschen Alpenvereins (DAV) kritisiert speziell im österreichischen Kaunertal: „Wahre Umweltvernichtungsschlachten werden da geführt, die Alpen werden richtig umgebaut, weil der liebe Gott offenbar kein Skifahrer war." (4)

B) Anreise der Skitouristen

Diesen Aspekt vernachlässige ich wegen der umweltschonenden Busanreise der bisherigen Schul-Skifahrten.

Wichtig ist nur, dass sich das von den per Auto anreisenden Skitouristen nicht unwesentlich mitverursachte Waldsterben auf den Bergwald noch wesentlich stärker auswirkt als auf den „normalen" Wald. Er ist zu 80% geschädigt. Eine wissenschaftliche Untersuchung über „Wald und Lawinen im Stubaital" ergab zum Beispiel: „Verlichten die Schutzwälder weiter, werden neben Lawinen vermehrt Bergrutsche, Muren und Steinschläge abgehen und Siedlungen und Verkehrswege verschütten, […] was früher oder später in der totalen Unbewohnbarkeit des Tales enden wird." (4)

C) Skibetrieb und Pistenpflege

Durch die scharfen Kanten der Skier werden Grasnarben und Sträucher „regelrecht abrasiert" (3); „sie fallen als Stabilisatoren des Bodens aus. Pistenwalzen haben die Humusdecke zermahlen und den Unterboden ziegelartig losgerissen" (4). Außerdem ist der durch Skifahrer und Pistenraupen verdichtete Schnee kaum noch luftdurchlässig, dadurch ersticken und verfaulen die Pflanzen. Ich war selbst einmal im Herbst auf einer Piste: halb Geröllfeld, halb „Wiese": Diese „Wiese" unterschied sich von der anderen Almwiese entscheidend, denn:

8 STELLUNG NEHMEN
Zusammenhängend begründen

a) war das Gras nur fünf Zentimeter hoch,
b) gab es nur ganz wenige Blumen und
c) litt sie unter Schimmelpilzbefall.

Abflussmessungen haben ergeben, dass sich auf Skiabfahrtsschneisen der Oberflächenabfluss verdoppelt und der Bodenabtrag verfünfzehnfacht. Innerhalb der Bergwälder ist es sogar so, dass „der Oberflächenabfluss um mindestens das 13–14fache und der Bodenabtrag (der sich schon als Folge der unter A) geschilderten Zerstörung der natürlichen Bodenstruktur stark erhöht [Anm. des Red.]) um das 30fache und mehr zunimmt". (5)

Wie das konkret aussieht, schildert der Alpinist und Europaparlamentarier Karl Pertsch: „Es gibt da Abträge, die eine Tonne an Feinerde betragen." Die Folge: „Da gibt es nichts, was Lawinen und Muren ‚bremsen könnte'." (4)

Eine zusätzliche Gefahr sind die Beschneiungsanlagen (Schneekanonen), die wegen der schneearmen Winter bald in jedem Skiort vorhanden sind. „Wo kunstbeschneit wird, habe ich 80% mehr Wasserabfluss im Auftauen als bei natürlichen Verhältnissen, und das führt zu Hochwasserspitzen und einer Gefahr für das Trinkwasser, weil manche nicht davor zurückschrecken, diesem Schnee Stoffe beizumischen, die da nicht reingehören." (6)

Noch größere Umweltsünden sind Helikopter-skiing und das Skifahren auf präparierten Gletschern.

Die Folgen der drei aufgeführten Aspekte (A, B und C) lassen sich in ihren Hauptpunkten so zusammenfassen: großflächige Erosionsschäden, Rutschungen, Lawinen, Murengänge, Sackungen an künstlich geschütteten Böschungen usw.; das alles ist in den gesamten beskiten Alpen zu beobachten. Der Deutsche Alpenverein hat eine eigene „Katastrophenkarte" hergestellt, die alle gefährdeten Siedlungen und Verkehrswege aufzeigt. Die Alpen steuern auf den totalen Kollaps zu, der Auswirkungen hätte, die keineswegs auf die Alpenregion beschränkt blieben.

Für den Skifahrer gibt es drei Möglichkeiten:
1. Ihm ist sein Spaß wichtiger als die Umwelt und seine Zukunft und er fährt nach dem Motto „Ski heil – Berg kaputt" weiter, bis es ihm eine weitsichtige Politik verbietet oder die Berge endlich so flach sind, dass Skifahren sowieso nicht mehr geht.
2. Er hört auf, Ski zu fahren.
3. Er fährt nur, wenn folgende Bedingungen politisch durchgesetzt sind oder zumindest an seinem Skiort gelten: es werden keine neuen Pisten und Lifte mehr gebaut, keine Schneekanonen eingesetzt, der Skibetrieb bei zu wenig Schnee eingestellt, keine Pistenraupen an Steilhängen gebraucht, Renaturisierungsmaßnahmen eingeleitet und Gletscher- und Heli-skiing verboten. Außerdem reist er mit Bahn und Bus an und bleibt auf den Pisten.

Meiner Meinung nach zeigt sich beim Ski- wie beim Autofahren, inwieweit Umweltschutz nur ein Lippenbekenntnis ist, beim Alusammeln aufhört oder ernst gemeint ist.

100

Euer Michael Schäfer

Quellen:
(1) „Ski heil – Berg kaputt", im „Stern" vom 23. 12. 85.
(2) „Auswirkungen des Skisports auf Natur und Landschaft", Reinhold Kaub und Gerhard Gabel.
(3) „Ökologische Schäden durch Massenskisport. Entwicklung und Veränderung des Skigebietes am Fellhorn bei Oberstorf/Allgäu von 1953–82 durch Erschließung für den Massenskisport", Thomas Dietmann.
(4) „Vom Dachgarten zum Katastrophenmuseum", in „Der Spiegel" vom 11. 1. 88.
(5) „Vegetationsveränderungen und Florenverlust auf Skipisten in den bayrischen Alpen", Th. Schauer.
(6) „Sportgespräch im Deutschlandfunk" am 23. 1. 90 mit Karl Pertsch, MdEP.

Du wirst schon nach dem ersten Lesen bemerkt haben, dass die Frage nach den Skifahrten für Michael ein ernstes Anliegen ist und er zu dem Problem eine kritische Haltung einnimmt.

AUFGABE

 Bevor du dich eingehender mit Michaels Beitrag auseinander setzt, versuche, knapp zu formulieren, worin Kritik und Ernsthaftigkeit seines Beitrags liegen.

Michael möchte natürlich viele Schüler von seinem Standpunkt überzeugen. Insofern kommt es ihm darauf an, dass er nur solche Aussagen formuliert, die auf andere, nämlich überprüfbare und verallgemeinerungsfähige Aussagen zurückzuführen sind. Nur solche Aussagen wirken überzeugend. Dadurch sind sie annehmbar (= akzeptabel), denn so kann der Schreiber beim Hörer auf *Einverständnis* mit seinen Darlegungen, eventuell sogar mit seinen Forderungen hoffen.

AUFGABE

9 Welche Absicht verfolgt Michael mit seinem Beitrag?
Beschreibe knapp in eigenen Worten.

8 STELLUNG NEHMEN
Zusammenhängend begründen

AUFGABE 10

Du sollst nun untersuchen, wie diese Absicht im Einzelnen zum Ausdruck kommt. Dazu ist es erforderlich, den Beitrag in seinem inhaltlichen Aufbau zu verstehen und zu kennzeichnen. Beantworte in Stichworten:

1. **Einleitung**
   Worum geht es?

2. **Hauptteil**
   a) Welche Problemfelder werden genannt?
   b) Michael gibt in den einzelnen Problemfeldern Belege für seine Behauptung von der Umweltgefährdung der Skifahrten.
   Wo führt er Belege an? (Nenne die Zeilen.)
   Um welche Art von Belegen handelt es sich?
   c) Wo werden Folgerungen aus den Belegen gezogen? (Gib die Zeilen an.)

3. **Schluss**
   Was schlägt Michael vor?
   Welche Forderungen stellt er?

AUFGABE 11

Überprüfe mit Hilfe der Hinweise aus dem Merkkasten von S. 78, wie annehmbar die einzelnen Belege sind.
Frage dich, ob sie nachvollzogen und akzeptiert werden können.

AUFGABE 12

Formuliere zum Problemfeld (A) eine Aussagenkette, in der

a) der Standpunkt Michaels,
b) die Begründung,
c) die Forderung Michaels der Reihe nach zum Ausdruck gelangen.

Du kannst dabei folgende Formulierungshilfe benutzen:
„Ich bin der Auffassung, dass ... Dies begründe ich damit, dass ... Deshalb komme ich zu der Forderung ..."

Michaels Beitrag hat viele Schüler nachdenklich gemacht. Die Schüler seiner Klasse sind sich nicht einig darüber, ob die bevorstehende Klassenfahrt als Skifahrt organisiert werden soll. Die Entscheidung soll davon abhängig gemacht werden, ob der vom Sportlehrer ausgesuchte Skiort Schneefilden die Gewähr dafür bietet, in ausreichendem Umfang während und nach der Skisaison Maßnahmen für Natur und Umwelt durchzuführen.

AUFGABE 13

Du sollst – stellvertretend für Michaels Klasse – mit dieser Zielvorgabe einen Brief an den Fremdenverkehrsverein des Skiortes schreiben.
Lege darin dar, aus welchem Grund der Brief geschrieben wird und berichte darüber, wie es in der Schule zu diesen Fragestellungen gekommen ist.

Hier ist der Antwortbrief des Fremdenverkehrsvereins aus dem Skiort Schneefilden:

Schneefilden, den 8.1.1997

Lieber...
Die in deinem Schreiben gestellten Fragen hinsichtlich der Umwelteinflüsse auf unser Skigebiet und der hier durchgeführten Maßnahmen zum Schutz der Umwelt möchten wir dir gerne beantworten.

1. In unserem Ort besteht ein Bauleitplan, in welchem sehr strenge Auflagen in Bezug auf die Umwelt enthalten sind.

2. Im Moment werden keine weiteren Skipisten oder Liftanlagen gebaut.

3. Bei zu wenig Schnee wird der Skibetrieb eingestellt, d.h. die Skipisten werden geschlossen.

4. Schneekanonen werden nur an Schwachstellen, besonders im unteren Bereich des Skigebietes eingesetzt. Unser Skigebiet gilt als besonders schneesicher.

5. Bei den Schneekanonen werden keine chemischen Zusätze verwendet. Wasser, Luft und sonst nichts!

8 STELLUNG NEHMEN
Zusammenhängend begründen

> 6. Pistenraupen werden für die Pistenpflege eingesetzt. Unser Gebiet hat hauptsächlich mittelschwere bis leichte Abfahrten, so dass keine Steilhänge zu präparieren sind.
>
> 7. Helikopter-skiing gibt es bei uns nicht.
>
> 8. Renaturisierungsmaßnahmen sind eingeleitet. Der Pistenbau wurde bei uns sehr vorsichtig vorgenommen. Der Humus wurde vor Beginn der Arbeiten abgetragen und nach Abschluss der Arbeiten wiederum aufgetragen und mit speziellem Samen für Hochlagen begrünt. Es ist auch im Interesse des Liftbetreibers, die Pisten sofort und sorgfältig zu begrünen, damit keine Erosionsschäden entstehen und den Skibetrieb gefährden. Für jeden gefällten Baum im Skigebiet müssen jährlich ca. 10 Bäume in der Umgebung gepflanzt werden. Vor allem in Waldbrandgebieten oder anderen Gebieten, wo Erosionsschäden entstehen könnten.
>
> Wir hoffen, dir mit unseren Antworten geholfen zu haben. Für jede weitere Information stehen wir gerne zur Verfügung.
>
> Mit freundlichen Grüßen

AUFGABE 14

a) Auf welche Bedenken aus der Diskussion über „Skifahrten und Umweltbelastung" wird in dem Antwortschreiben eingegangen?

b) Auf welche Art geht der Fremdenverkehrsverein auf die Bedenken der Schüler (der zukünftigen Touristen) ein und wie versucht er sie zu zerstreuen?

Im Antwortschreiben des Fremdenverkehrsvereins merkst du, dass die Bedenken der Schüler ernst genommen werden, denn es werden Maßnahmen genannt, die dazu geeignet sind, die Bedenken abzubauen.
Man hätte aber auch ganz anders vorgehen können.
Der Fremdenverkehrsverein hätte nämlich folgenden Artikel aus einer Fachzeitschrift seiner Antwort zugrunde legen können:

Schneeanlagen bieten Vorteile:

- Schutz der Pflanzendecke vor Bodenfrost
- Schutz der Vegetation vor Beschädigung durch Skifahrer sowie Pistengeräte
- Pistengeräte können sparsamer eingesetzt werden
- Der Drang zum Variantenfahren wird durch beschneite Pisten stark eingeschränkt
- Schneeanlagen sichern die internationale Attraktivität unserer Wintersportorte
- Schneeanlagen tragen wesentlich zur Arbeitsplatzerhaltung bei (ohne Schnee keine Wintersaison)
- Einkommen und damit eine gesicherte Existenz der am Tourismus beteiligten Wirtschaftszweige wird durch einen kontinuierlichen Saisonbetrieb gewährleistet
- Sie dienen der Erhaltung der Lebensgrundlagen in den Bergregionen (z. B. Einkommensverbesserung für die Bergbauern)

Du erkennst hier, dass ein bisher kritisches Argument nun positiv verwendet wird (vergleiche die Information 2, S. 74).

AUFGABE 15

Versuche herauszufinden, warum hier eine andere Bewertung des Sachverhalts („Schneekanonen") vorgenommen wird.

In ähnlicher Weise können auch alle anderen Aspekte zum Thema „Skifahrt und Umweltbelastung" aus einer anderen Sichtweise betrachtet werden. Untersuche dazu den Informationsteil II:

INFORMATIONSTEIL II

1 Der Schullandheimaufenthalt muss den Gedanken der Umwelterziehung einbeziehen. Der Schüler soll durch geeignete Unterrichtsinhalte und Lernsituationen dazu geführt werden, selbstständig zu entscheiden, in welcher Weise er in Zukunft Skilauf betreibt. Dazu bietet die Skifahrt eine einzigartige Chance. Spricht sich die Schule gegen den Schullandheimaufenthalt mit Skilaufen aus, versäumt sie also eine pädagogische Chance. Bei der Vermittlung des Erlebnisses der winterlichen Natur wird das Skifahren ein Inhalt neben anderen sein. Viele dieser Aktivitäten haben die Funktion, bewusst die Umwelt, gerade auch die geschädigte, zu erkunden.

2 Der Skisport bewirkt dann keine einschneidende Veränderung, wenn die Piste vorher intensiv landwirtschaftlich ge-

8 STELLUNG NEHMEN
Zusammenhängend begründen

nutzt wurde. Der Einfluss des Skilaufens ist auch dann gering, wenn nur bei ausreichender Schneelage gefahren wird. Im Bereich der Almen und Weiden in tieferen Lagen der Alpen kann durch einen schonenden Skibetrieb eine artenreiche Pflanzengesellschaft entstehen. Bei vorbildlicher Pflege und geringer Belastung im Sommer kann hier die Skipiste sogar einen Beitrag zur Erhaltung wertvoller, selten gewordener Tier- und Pflanzenarten leisten.

3 Niemand kann erwarten, dass Sportverbände ihr Selbstverständnis aufgeben. Ihr erstes Ziel ist die Förderung ihrer Sportart. Sie wollen Breiten- und Spitzensport betreiben, sie wollen Mitglieder gewinnen und ihre Vereine stärken. Der gesellschaftliche Nutzen ihrer Arbeit ist hoch einzuschätzen; sie haben Anspruch, das Naturerlebnis in den Sport einzubeziehen. Das gilt auch für den Skisport.

4 In dem Streit um die Pisten wird immer wieder der Eindruck erweckt, als ob überall die Natur verunstaltet wird und ausschließlich negative ökologische Auswirkungen die Folge seien. Tatsächlich verlaufen viele Pisten über Almen, naturgewachsene Rasen und landwirtschaftliche Wiesen, auch über offene Waldteile. In Bayern liegt der Anteil der alpinen Pistenfläche an der Alpenfläche bei nur 0,6 %. Daraus ergibt sich, dass der ökologische Einfluss der Skipisten nicht so groß sein kann.

5 Die Alpen gehören mittlerweile zu den drei Weltzentren des Fremdenverkehrs neben der Karibik und dem Mittelmeer. Wenn die Wintersportzentren rentabel bleiben wollen, müssen sie für die Touristen attraktiv gestaltet werden. Dazu gehört der Ausbau der Skianlagen ebenso wie der Zufahrtswege und Hotelkapazitäten. Bleiben die Touristen weg, sind Arbeitsplätze gefährdet, und ganzen Regionen droht der wirtschaftliche Niedergang.

AUFGABE 16 Versuche, für jede Information das dahinter stehende Interesse, unter Umständen auch denjenigen, der das Interesse vertreten könnte, zu benennen.

AUFGABE 17 Kannst du auch in diesen Informationen Beispiele, Vergleiche, Verallgemeinerungen finden?

> **MERKE**
>
> Begründungen können interessengebunden sein.
> Das merkt man daran, dass jeweils nur die Sachinformationen zu einer strittigen Frage angeführt werden, die den eigenen Standpunkt stützen.
> Ein solches Verhalten dient zwar dem eigenen Zweck, ist aber einseitig, denn wichtige weitere Informationen, die bei der Lösung eines Problems bedacht werden müssen, bleiben unberücksichtigt.
> Geht es jedoch zunächst nur um die eigene, persönliche Stellungnahme, ist die interessengebundene Begründungshaltung gerechtfertigt.

Der Beitrag Michaels ist ein Beispiel für die interessengebundenen Begründungen. Er befasst sich vor allem mit der Auswirkung des Skifahrens auf Natur und Umwelt und begründet im Einzelnen seine deutliche Stellungnahme zu dieser Fragestellung. Die Überzeugungskraft seiner Aussagen hängt davon ab, wie wirksam und zustimmungsfähig Michael seinen Standpunkt darlegen kann.

Du kannst dir sicherlich vorstellen, dass Michaels Beitrag vielen Schülern neue Kenntnisse vermittelt und Hilfen für die eigene Entscheidung geliefert hat, in einigen Fällen vielleicht die bestehende Position revidieren (= verändern) half, andererseits aber auch auf Ablehnung gestoßen ist.

Ablehnung muss aber nicht unbedingt zu tun haben mit einer Abwertung der Erfahrungen. Manchmal lassen sich Erfahrungen als „echte" Belege anzweifeln. Dieses Anzweifeln oder In-Frage-Stellen sollte wiederum der Ausgangspunkt für eine erneute Diskussion sein, bei der es dann darauf ankommt, mit weiterem Sachwissen und noch gründlichern überzeugenderen Aussagen seinen Standpunkt klar zu formulieren. In einem strittigen Fall wie dem unseren ist es nicht einfach, zu einer bewussten Entscheidung zu gelangen und danach zu handeln. Der Weg dahin ist schwierig und in der Auseinandersetzung mit anderen kommt es darauf an, dass man nach weiteren zustimmungsfähigen Gründen für seine Auffassung sucht.

Im Albert-Einstein-Gymnasium ist eine weitere Schulkonferenz zu dem Thema „Skifahrt und Umweltbelastung" einberufen worden. Nachdem zwischenzeitlich sich alle Beteiligten des Weiteren sachkundig gemacht haben, soll in dieser Schulkonferenz nunmehr darüber entschieden werden, ob Skifahrten zukünftig abgeschafft werden.

In dieser Diskussion geht es nun nicht mehr darum, spontane Meinungen zu der strittigen Frage zu äußern, vielmehr müssen nun überlegte Stellungnahmen abgegeben werden, die dazu geeignet sind, die Mitglieder der Schulkonferenz vom jeweils vorgetragenen Standpunkt zu überzeugen.

8 STELLUNG NEHMEN
Zusammenhängend begründen

AUFGABE 18

Formuliere zwei Stellungnahmen.
Die eine soll sich für die Beibehaltung von Skifahrten aussprechen, die andere dagegen.
Bevor du anfängst mit der Arbeit, lies dir noch einmal alle Merkkästen dieses Buches durch und vor allem auch die folgende Zusammenfassung.

MERKE

1. Du hast unterscheiden gelernt zwischen zwei Arten sprachlicher Äußerung: Auffassungen und Begründungen. Für eine Stellungnahme muss man beide zusammenfügen: die vertretenen Auffassungen (Behauptungen, Meinungen, Ansichten, Wünsche, Forderungen) musst du mit überzeugenden, d. h. zustimmungsfähigen Argumenten untermauern.

2. Als Argument kann man Aussagen bezeichnen, die Sachkenntnis aufweisen, verständlich und überzeugend formuliert sind und somit als Stütze und Beleg für Auffassungen dienen können. Der Zusammenhang zwischen Auffassung und Argument lässt sich auf die sprachliche Kurzform bringen: „Ich bin der Auffassung …, weil …" Die einsichtigsten Argumente findet man, wenn man überprüfbare Tatsachen, Zahlen und gesetzliche Regelungen kennt und sich an Erfahrungen – eigene oder die anderer – erinnert, die verallgemeinert werden können.

3. Die gegliederte, zielgerichtete Zusammenstellung von Gründen (Argumenten) heißt Argumentation. Bei ihrer Formulierung musst du auf die Verwendung von begründenden und schlussfolgernden Konjunktionen und geeigneten Überleitungen von einem Argument zum anderen achten. Die Argumentation hat über die Klärung eines Sachverhaltes hinaus in der Regel das Ziel, die Zustimmung der an einer Diskussion Beteiligten zu einem Lösungsvorschlag zu erreichen. Dieses Ziel lässt sich nur schwer verwirklichen, wenn man nur die interessengebundenen Begründungen vorbringt. Vielmehr muss man nun auch Gegengründe bedenken und diese in die eigene Argumentation einbeziehen. So kann man diese Gegengründe schon selbst entkräften, bevor sie als Einwand von anderen Diskussionsteilnehmern geäußert werden können.

Text- und Bildquellen

Grenier: Auf den Spuren der Indianer. Otto Maier Verlag, Ravensburg 1986 (S. 7)
Diercke Weltatlas: Westermann Schulbuchverlag GmbH, Braunschweig 1957 (S. 9)
Sutton: Indianer. © Tessloff Verlag Hamburg/Nürnberg 1965 und 1985 (S.11, 12, 18)
Ikarus-Bildkarten-Verlag, Ravensburg o. J. (S. 40/41)
© Verkehrsverein Rothenburg (S. 43)
Hauptschulhaus des privaten Gymnasiums „Otto-Kühne-Schule Godesberg" (gegr. 1883), © Klaus-Otto Kühne, 1975 (S. 45)
Grunsky/Osteneck: Die Bonner Südstadt. Rheinland Verlag, Köln 1976 (S. 47)
Was Kinder wissen wollen. Südwest-Verlag, München 1976 (S. 51)
Das große Lexikon in Farbe. © Xenos-Verlagsgesellschaft (S. 59)
© Dorothee Baur-Saatweber, Bonn (S. 64)

Platz für Notizen

Klett LernTraining®

Einfach bessere Noten

Die Reihen, die allen Bedürfnissen gerecht werden, im Überblick

1. **Training –**
   Nachhilfe aus
   dem Buch

2. **Die kleinen**
   Lerndrachen –
   Training für alle
   Grundschüler

3. **PC-Kombi-Training –**
   die Fitness-Programme:
   Kombination aus Lernbuch und
   Übungssoftware

4. **Lektürehilfen –**
   Durchblick bei der Lektüre

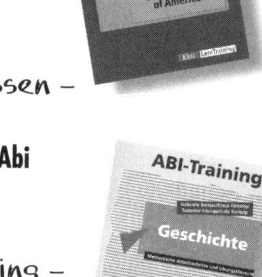

5. **Abiturwissen –**
   das geballte
   Wissen fürs Abi

6. **Abi-Training –**
   fit fürs Abi

7. **PC-Kurswissen –**
   pures Abi-Wissen
   aus dem Computer

Klett LernTraining im Internet:
www.klett-verlag.de/klett-lerntraining

Das Lernhits-Gesamtverzeichnis:
in Ihrer Buchhandlung oder
direkt bei Ernst Klett Verlag,
Postfach 10 60 16, 70049 Stuttgart